AF358538

¡QUÉ BIEN FUNCIONA LA ADMINISTRACIÓN PÚBLICA!

Javier Caldera Domínguez

¡QUÉ BIEN FUNCIONA LA ADMINISTRACIÓN PÚBLICA!

Javier Caldera Domínguez

Título original: *El círculo olvidado de Dante*
Primera edición: diciembre 2016
Segunda edición: julio 2018

© 2016, Javier Caldera Domínguez
        circulodedanteyvirgilio@gmail.com

Diseño de la cubierta: Dana Catruna
Maquetación: David Márquez

ISBN: 978-84-617-7003-8
Depósito legal: M-23565-2018

Impreso en España

ÍNDICE

Prólogo

Escrito en clave de humor, este libro cuenta la vida de personas que trabajan en la Administración Pública. El autor es funcionario desde hace veintinueve años y conoce algunos de sus departamentos. Los dieciocho capítulos que lo forman están teñidos de fatalidad, pero se ha preferido este enfoque de intrigas a otro saturado de personajes intachables, tal vez más acorde con la generalidad. En cualquier caso, a nadie debería molestar; todo ocurre en un país imaginario...[1]

---

[1] *N. del A.:* Todas las citas marcadas con asterisco (*) han sido tomadas del libro *El Ingenioso Hidalgo Don Quijote de la Mancha*, de D. Miguel de Cervantes Saavedra.

CAPÍTULO PRIMERO

DE LO QUE LE SUCEDIÓ AL PRÍNCIPE ORENCIO MIRAMONTES Y LA RAZÓN POR LA QUE FUE DESTERRADO

En el sur de Anthropos los problemas se resuelven como en ningún otro lugar del mundo. Tan implicados están los cargos públicos en el ejercicio de sus funciones y con tanta alegría los desempeñan, que la ciudadanía piensa que siempre están de vacaciones. La gracia les viene de cuna, se nota en cada gesto. Para fiestas, ¡ahí es nadie un sureño!, siempre dispuesto a catar unos finos y unas raciones de gambas. ¿Quieres un poco de chispa para una simpleza?, no te vayas lejos, chiquillo, que en el sur viven los hombres más ocurrentes y mejor plantados. Y de esa región es don Orencio Miramontes Zúñiga, el director general de Recursos de la Naturaleza de la Jefatura Regional.

De lejos se le echan treinta y pocos..., un pincel con zapatos pulidos, pantalones de lino y chaqueta hecha a medida. Pero tiene los cuarenta cumplidos. El pelo es largo, negro y brillante, bien fijado al cráneo con ungüentos que huelen a botica. Las puntas, peinadas al socaire, le hacen caracolillos sobre la nuca, como a los gitanos guapos. Don Orencio tiene el aspecto de un galán de cine. Cuando habla enamora, o al menos eso cree a fuerza de oírselo a sus aduladores, una nutrida camarilla de lameculos que medran alrededor.

Don Orencio tiene la sonrisa fácil, es amigo de todos y suelta agudos chascarrillos. Se considera un dandi por méritos propios. En el departamento camina erguido, regalando miradas y comentarios picarones a las féminas, como un gallo en un gallinero. Don Orencio defiende la teoría de que nunca desagrada a una mujer que se la enamore. Siempre tiene la agenda hasta arriba, sobre todo para empresarios o alcaldes de distinto color político. Cuando empieza una reunión lo hace con reseñas de actualidad que pretenden demostrar su inteligencia y oratoria. Organiza las citas flanqueado por sus jefes de departamento y con criterio previamente establecido, esto es, no pretende resolver con justicia. No. Eso sería debilidad. El resultado está atado de antemano y, en general, la cuestión es cómo se las arreglará don Orencio para que los que han llegado a su despacho se vayan por donde han venido, con los bolsillos vacíos, y la sensación de que en los próximos días se solucionará lo suyo, atascado desde hacía mucho tiempo. Don Orencio les informará que es necesario valorar el presupuesto anual, exangüe tras la crisis, analizar el informe del gabinete jurídico, obtener el visto bueno de la comisión de valoración y superar los obstáculos administrativos que hacen de la dirección general un laberinto incomprensible.

Los jefes de departamento y el asesor de don Orencio le previenen sobre la reunión. Le informan por dónde vendrán los tiros, qué quieren del ilustrísimo director, si lo atacarán o alabarán y, principalmente, a quiénes va a recibir, porque, aunque trajeados y de buenas palabras, seguramente son unos «pájaros de cuenta». Sin ir más lejos, esta mañana recibirá a la asociación ecologista «Amigos de la Naturaleza y la Vida», con treinta mil socios en la calle y algo propensos, aunque no demasiado, a recurrir a la prensa para presionar a la dirección general de Recursos de la Naturaleza.

—¡Verás con qué maestría los maneja!
—No estoy seguro; los ecologistas tienen fuertes convicciones…

Don Orencio no permite que sus acólitos le lleven la contraria. Uno de sus jefes de departamento, que es circunspecto, pelota y tiene el encefalograma casi plano, le comenta con fingida humildad que los tipos que recibirá son peligrosos y no comulgan con nadie. El director general le explica con jactancia su estrategia, que consistirá en mostrar preocupación por el vertido de aceites del Río Almorabán, extenderse en las medidas que se adoptarán al respecto y dar unas pinceladas sobre la investigación que se lleva a cabo en colaboración con la gendarmería. También les dirá eso de que se «depurarán responsabilidades hasta sus últimas consecuencias», que da mucho empaque y frena el camino a otras exigencias. Además, lanzará un señuelo: propondrá contratar un estudio sobre las repercusiones ambientales del vertido y la idea es que sea la ONG quien lo realice. «¿Por cuánto te parece?» —le pregunta a su jefe de departamento de Economía antes de la cita— «¿treinta mil, cuarenta mil…? Sí, treinta mil está bien» —le responde el subordinado—, «pero si quieres le arrimamos más...».

El gran hombre habla sin parar durante la reunión y deja poco tiempo para que los ecologistas expongan el motivo de su visita. Les cuenta lo planeado y añade otras iniciativas, como el proyecto de recuperación del papamoscas común (de cuyo ave no sabe más que el nombre), la restauración integral de las canteras a cielo abierto y el progreso del inventario forestal regional. Para terminar, informa que la reunión debe terminar rápido porque lo esperan en el hemiciclo para una interpelación parlamentaria. Así, transcurridos cuarenta minutos, se quita de encima a unos chicos que han recorrido doscientos kilómetros para llegar a una cita solicitada tres meses antes y en la que no han podido exponer más que el primero de los puntos que pretendían. Don Orencio, terminada la cita, se lleva a su equipo al restaurante *El Tronquillo* de la calle Salvatierra, donde, con cargo a las arcas del Estado, dan cumplida cuenta de unas raciones de gambas a la plancha y unos caldos de buena calidad.

—¡Vaya camarilla!

—Tranquilo, hombre..., es mejor saber lo que ocurre entre bambalinas que esconder la cabeza bajo la arena.

Los jefes de departamento y el asesor agradecen el almuerzo al director general y le ríen las gracias. En la barra, entre bromas y fanfarronadas, comentan los detalles de la reunión, aunque el jefe del departamento de Incendios no recuerda bien lo que se ha hablado. Ha estado pensando en Brígida, su secretaria, porque esta mañana ha venido con un escote de vértigo y le sonreía como si buscase algo. Ha pensado hacerle una proposición para acudir juntos a las jornadas de espacios acuáticos que se celebrarán en Merefor. Pero tiene dudas; no está seguro si le ha enviado mensajes de acercamiento o es que la chica se encontraba animada por cualquier otra razón…

Don Orencio Miramontes es un tipo listo con muchos tiros pegados. Sabe que sus peores enemigos están dentro del partido, donde abundan los arribistas y los traidores. Ocupa un puesto de director general y participa en todo lo que pueda reforzar su imagen. Inaugura eventos, participa, clausura actos que ni le van ni le vienen. Don Orencio prepara los discursos en función del público que tiene delante. Si inaugura un congreso de empresarios que instalan depuradoras —a razón de quinientos «mingotes» por acto—, los anima a seguir en el terreno de la innovación y a penetrar en los mercados internacionales, asegurando que allí estará para apoyarlos. Cuando se hace visible en unas jornadas de conservación de la naturaleza con ecologistas y «perroflautas» de rastas, les habla de la importancia que tiene para el medio-ambiente la recuperación del lince estepario y la dificultades que tiene la dirección general para frenar las urbanizaciones en los espacios protegidos.

Don Orencio a veces hojea publicaciones sobre animales autóctonos para liderar las conversaciones en los pasillos de los congresos, pero enseguida olvida lo que lee; no pretende ocupar su cerebro con naderías de ecologistas trasnochados. De puertas adentro, cuando viaja con el presidente en su vehículo de alta gama, chismorrea con las meteduras de pata de otros directores generales, o de ediles que, perteneciendo a la oposición, pretenden el apoyo de la dirección general de Recursos de la Naturaleza ¡Por encima de su cadáver, vamos! Alimenta intrigas con errores de otros departamentos, todo para que el presidente sepa en qué personas puede confiar para las cuestiones relevantes. ¡Ahí es nadie don Orencio Miramontes..., no tiene arte...! Sabe que sus homólogos hacen lo propio y es menester no quedarse atrás, que «camarón que se duerme, se lo lleva la corriente...».

Auxi, la secretaria de don Orencio, lleva su agenda con orden y concierto. Mañana a primera hora se citará con los jefes de departamento, por la tarde con los empresarios de la caza y el miércoles a la capital de Anthropos, donde se debatirán asuntos espinosos en el seno del Ministerio del Campo y la Naturaleza. La dirección general es un no parar. Como para echarle en cara si se deja, o no, la piel con el trabajo; más horas que un sereno.... Hasta los fines de semana destina a cumplir con su responsabilidad, que este hombre carece de vida propia. El pasado fin de semana, obligado a asistir a una montería en Alcornotón, con lo poco que le gusta la caza. Estuvo la plana mayor del partido en una finca de tres mil hectáreas. Disparaban a ciervos y jabalíes ¡menudo escándalo! El jefe regional de Trabajo abatió dos machos impresionantes; Jacinto, el vicepresidente de la zona Este, dio la campanada con un jabalí que será medalla de oro, y Prudencio Urbianes, el senador, con una rubia despampanante en el puesto, dale que dale, que buen político no será, pero a las féminas las enreda como nadie. La comida por todo lo alto: sorprendieron con un *catering* traído del norte de Anthropos: angulas, rodaballo y nécoras. ¡Como para faltar, vamos...!

Auxi tiene un genio y unas piernas que cortan la respiración. A veces se comporta como el carcelero de una mazmorra. Las llamadas inoportunas las ventila con un «no se preocupe usted, ya le digo yo que ha llamado...» y al despacho solo entra quien debe, por mucho que recurra a cuentos filipinos. Auxi es una chica mona, elegante, un poco creída, sí, pero es que la secretaria de un director general no tiene por qué ser deslucida o avinagrada. «Cómo está la niña, Orencio..., vaya cabrón que estás hecho», —le dicen los varones de confianza cuando cierran la puerta al entrar en el despacho...—.

Auxi hace funciones de escudo y de filtro, y se entera de las cosas de un modo superficial. Anota quienes son bienvenidos y a los que hay que dar largas con educación. Es un poco correveidile para don Orencio porque alguien tiene que informarle de lo que ocurre entre bastidores. Además, está medio enamorada de don Orencio... ¡Es tan guapo y se mueve con una gracia...! —piensa Auxi—. A veces se queda embobada escuchándole. Cuando la mira se le sube el ego a las nubes y se siente una leona. Si don Orencio diserta ante un grupo, le parece un dios en el Olimpo y no le quita ojo; se lo imagina ante ella en calzoncillos o recién duchado. Entonces piensa que algún día será suyo, que pronto estará entre sus brazos, arrullada por su voz. Don Orencio a veces tontea con otras compañeras y Auxi se pone enferma. Eso sí, la que se acerca con melindres a don Orencio lo tiene claro: cruz y raya, la fastidiará hasta el día del Juicio Final… ¡Menuda es Auxi! Con su físico domina el sarao del amor y se da cuenta de que don Orencio la mira el canalillo cuando coloca el portafirmas sobre su mesa. Ella está segura de que cualquier día le pedirá que la acompañe a algún evento. Para tomar notas, claro…Y cuando llegue ese momento veremos cómo campea el toro bravo, que Auxi en las distancias cortas se maneja como pez en el agua. Ese día, piensa la secretaria, se abrirá una nueva etapa entre los dos que terminará como ella quiera y comiéndole en las manos. De otras cosas le podrán enseñar, pero del manejo con capote…

Don Orencio Miramontes nació para ser líder. La madre tuvo ese presagio al sentirse embarazada: «este niño nos sacará de pobres, lo veremos de ministro, de presidente o de Papa» —dijo a toda la familia—. Y algo debió sentir en su vientre porque el muchacho siempre fue un cabecilla. En la guardería era quien más gritaba y llamaba la atención, como adolescente consiguió ser el delegado en todos los cursos y cuando estudió Derecho se mantuvo los cinco años como representante de los estudiantes, siempre dispuesto a pelear por injusticias y crear cismas contra los catedráticos más reaccionarios. Tenía duende y verbo, o carisma, como se prefiera decir. Conseguía convencer a los demás porque él mismo lo estaba previamente, ardid principal de los prohombres que se hacen con el mundo. Sin embargo, tras afiliarse al partido, tuvo algunas dificultades. Los elefantes de la política, con el cuero duro, huelen los peligros a distancia, y no iban a empujar a un crío por la chimenea ascendente sin verlo antes campear y comprobar fidelidades. Necesitaban ver cómo lidiaba dentro y fuera de la arena. Recorrido, como le dijo un día con muchas copas encima el presidente de la ejecutiva regional: «recorrido, Orencio, y que en ese devenir no te caiga un sambenito, porque trepar es sencillo, pero a medida que subes resultas más atractivo a tus enemigos…».

Los políticos experimentados le recomendaron entrenar la cintura y buscar un árbol al que arrimarse. Cifuentes, el senador más anciano del hemiciclo, lo previno contra los suyos, que parecen camaradas y son caimanes si no reciben la carnaza a la que están acostumbrados.

Don Orencio Miramontes aprendió pronto a fintar y se adentró en el infierno de la política. Ante los medios de comunicación pasó por simpático, se ganó a los superiores con mascaradas de fidelidad y fue considerado un hombre del «aparato». Enseguida contaron con él para extender los tentáculos del poder y le ofrecieron la dirección general, un puesto de relevancia intermedia para demostrar sus habilidades con alcaldes, empresarios y otros directores generales. «Ya veremos luego si tiene más capacidad», —sentenció don Silvestre Rocafort, presidente de la ejecutiva regional en la reunión de gerifaltes que decidía los puestos tras las elecciones—. «El chaval tiene maneras, creo podemos confiar en él», —ratificó el vicepresidente de la Jefatura Provincial, su verdadero padrino—.

Una vez en la dirección general, don Orencio tuvo que adaptarse a la dinámica del día a día, saturada de burocracia y documentos. Le costó Dios y ayuda aceptar el ritmo lento y viscoso de los funcionarios. Para estimularlos, organizó reuniones que compartimentaban el trabajo: a este director de programas la campaña de incendios forestales; con aquel jefe del servicio todo lo relativo a los planes cinegéticos; a la jefa de sección de Fauna Silvestre los proyectos de conservación del lince y el águila pescadora. Más tarde, cuando comprobó que segmentar era sinónimo de crear «Reinos de Taifas», donde cada uno dictaba a su antojo, ordenó que todos tuvieran información de lo que hacían los demás y concertó citas semanales para comprobar que cada departamento se comunicaba con el resto. Se empecinó en marcar plazos para resolver, pero al poco comprobó que las reuniones de verificación se convertían en torres de Babel donde cada uno informaba lo que le interesaba, se callaba lo importante, o surgían temas inútiles que agotaban la paciencia de los mejores. Don Orencio era un tipo impulsivo y, al pasar un año, rendido por la evidencia, tiró la toalla, se blindó con las personas de confianza que le habían reído las gracias hasta entonces y comenzó a despachar solo con ellos, considerando que sería a estos a quienes daría instrucciones y exigiría resultados. «Que se las arreglen los demás como puedan», —se dijo un lunes al empezar la semana—, «yo he venido a hacer política». Y así continuó durante los siete años que se mantuvo como director general. En esas estaba en la playa durante sus vacaciones, leyendo el *Diario de Cafarnaún,* cuando, atónito, vio su fotografía en la portada y unos titulares en los que se hablaba de su cese fulminante por supuestos favores al promotor de una urbanización costera. Fue entonces cuando comprendió que, aun estando casado, a nadie del partido le había molestado que se ausentara una semana con su secretaria particular al II Congreso de energía solar de Chesterna, pero no habían podido perdonar que se liara con la ex-mujer del jefe regional de Administración Pública, el todopoderoso Nicanor Prurito. El incidente había ocurrido de un modo espontáneo, sin buscarlo, después de una cena que celebró la ejecutiva regional en un restaurante de lujo y al calor de unas rayas de cocaína de buena calidad.

¡Joder..., pero si él pensaba que nadie se había enterado!

CAPÍTULO SEGUNDO

DONDE SE COMPRENDE QUE LA GRANDEZA DE UN HOMBRE NO ES PROPORCIONAL A SUS POSESIONES

En la Jefatura Provincial del oeste de Anthropos trabaja un conserje que llama la atención por sus iniciativas. Hace solo un mes que ocupa el puesto y no deja de sorprender con su diligencia. «Silverio, por favor, traslade esos documentos al departamento de contabilidad y avise a los informáticos, que no funcionan los terminales; recoja luego los paquetes del almacén, archívelos en el sótano y suba después…». Silverio por aquí, Silverio por allá… Silverio Simón Tabares obedece, muestra una sonrisa amable y resuelve con rapidez: no parece un funcionario. Como es bien parecido, las chicas le miran de reojo al pasar, esperando algún comentario. El conserje es bienvenido en cualquier círculo en el que aparece y todos los jefes lo consideran dócil e inofensivo. Hasta los auxiliares administrativos hablan bien de él, que ya es decir… Silverio no pone objeciones a los mandados, independientemente de que en su convenio colectivo aparezca reflejada una tarea o que el recado haya sido esquivado por otros compañeros. Desde fuera aparenta ser un tipo flojo, sin fundamentos; se podría pensar que, por no estar experimentado en las cosas del mundo, todo lo que tiene dificultad le parece imposible. Pero nada más lejos de la realidad. Su amabilidad es fruto de una personalidad bien trabajada y no tiene que ver con que pertenezca al último escalafón de la cadena de mandos. Silverio es un tipo de fuertes convicciones que huye de la ambición y la vida regalada. A veces, incluso, busca sendas angostas o inexploradas. Desde niño ha soñado con servir a la sociedad, de casta la viene al galgo. Su madre le ha transmitido una educación rica en valores que se ha traducido en un carácter equilibrado, conciliador y propenso a la generosidad. Tiene sus cosas, claro está: no cree en políticos y huye de las banderas y las asociaciones como de la peste bubónica.

Silverio es experto en antropología. Defiende la teoría de que el instinto jerárquico es, junto con el de supervivencia, el más poderoso del hombre. Cree que la jerarquía se activa como un reflejo automático en cuanto dos o más individuos comparten un espacio físico. Según Silverio, cada homo sapiens necesita saber en todo momento quién es el líder de un grupo y qué papel ocupa dentro de él. Para averiguarlo, el inconsciente analiza múltiples factores, pero son idénticos en un consejo de administración de empresa o en una reunión de amigos. El proceso se encuentra vinculado al cerebro reptiliano, ese que los humanos arrastramos desde hace millones de años y que, al parecer, es similar al de otros grandes simios.

—Pues sí que anda despistado este chico...

El conserje es un hombre cultivado. Defiende que los humanos reproducen los mismos patrones de comportamiento que el resto de los mamíferos, aunque son maestros del disimulo. Está convencido de que en el hombre predominan los instintos más primarios y que, por tanto, se debe trabajar para superar esa genética y abrirse a una vida más evolucionada.

—¿Y tú…, cómo lo ves?

—Pues…, en cierto modo, pienso como él. Empleamos trajes y perfumes para rodearnos de glamur o esconder nuestros defectos, pero en esencia buscamos lo mismo que los demás seres vivos: pareja, territorio, poder… En pelotas somos como cualquier animal.

Silverio es fanático de la literatura. En los últimos años ha profundizado en libros de temática budista. Se le nota a distancia, con su aspecto místico, ademanes tranquilos y pasitos cortos. Habla despacio, escucha con interés, sin perder el equilibrio, independientemente de si lo hace ante un jefe histérico o con personal subalterno. Silverio pone atención a cada palabra que pronuncia, da una opinión mesurada que no pretende convencer y analiza las cosas desde un ángulo distinto al de los demás. Sabe que las honestas palabras dan indicio de la honestidad de quien las pronuncia. Con frecuencia se posiciona en el papel de acusado —que no suele estar presente— para enfocar los hechos desde una perspectiva distinta. Como su gran maestro, Buda, evita juicios y veredictos. Se eleva por encima de lo puramente instintivo y comprende que el bien y el mal son conceptos sociales, necesarios para vivir en grupo, ajenos al hombre evolucionado.

Cuando Silverio participa en alguna charla y considera que ya ha dicho lo que debe, se retira con elegancia, sin mostrar excitación, como si los hechos le fueran indiferentes. Bajo su perspectiva los enfrentamientos nunca merecen la pena; la vida se encarga de demostrar que todo es perecedero y que, pasado un instante, los momentos de alegría o tensión desaparecen sin dejar huella. La actitud de Silverio es ejemplar y le permite valorar cada minuto disfrutando las emociones.

Quizás por esa forma de ser ha sido capaz de acercarse a los más radicales y aflojar sus posturas de intolerancia. Silverio obtiene frutos en los terrenos más áridos.

El funcionario místico siente que contribuye a mejorar la sociedad como quien arroja granos de arena a una playa. Sabe que la felicidad no está en el objetivo satisfecho, sino en el camino por construir. Es consciente de que no cambiará el planeta, pero aplica su filosofía de vida a todo cuanto hace y crea un hermoso espacio de paz alrededor de su persona.

Silverio piensa que si todos los hombres actuaran de igual modo sería posible extender la onda y hacerla del tamaño de un barrio, o de un país. Cree en el «efecto mariposa», convencido de que lo que hace una persona redunda en sus células y en las de los otros seres vivos, aunque se encuentren a miles de kilómetros de distancia. Según Silverio, cualquier acción o pensamiento repercute sobre los aborígenes del otro extremo del mundo, los ejecutivos de las grandes urbes o el vecino del tercero.

—Y sobre los beduinos del desierto cuando se acuclillan para deponer, ¡no te giba...!

Lo que Silverio quiere decir es que, si un hombre enfoca su vida hacia el bien y se libera del egoísmo, modela su propio entorno e impregna con esa cualidad a los que le rodean. Es posible que esas virtudes se fijen en los genes y pasen a las siguientes generaciones, quien sabe... Lo de los aborígenes parece un poco excesivo, pero quien sabe; tal vez algún día se demuestre que los seres vivos de este planeta funcionan como un único organismo...

Silverio aprovecha cualquier oportunidad para exponer sus teorías, pero en conversaciones breves, que ningún razonamiento es gustoso si es largo.

Una de las principales virtudes del conserje es la coherencia. Actúa por convicciones propias. A pesar de su aparente docilidad, difícilmente ejecutará un mandado que vaya contra sus principios... Silverio apaga las luces cuando todos salen de la oficina (en Anthropos se tira con pólvora del rey), vigila la temperatura del aire acondicionado en verano y la calefacción en invierno, cierra las ventanas, coloca papel reciclado en las fotocopiadoras y no para de sensibilizar a los servicios de limpieza sobre los derroches de agua. Al trabajo acude en bicicleta, aunque deba levantarse una hora antes y soportar los rigores del invierno. Solo llega en vehículo cuando llueve, compartiendo el utilitario con su compañero Estanislao; todo para evitar el recalentamiento del planeta y la emisión de gases de efecto invernadero. Silverio, a pesar de los desmentidos oficiales, está convencido de que la capa de ozono disminuye debido a la actividad humana.

Su vida encaja con los principios que defiende: una vivienda pequeña sin televisión ni ordenador, calefacción ecológica alimentada por *pellets* y bajos consumos de energía. Tiene un automóvil viejo en una cochera donde también guarda material deportivo. Vive solo, aunque por su casa desfilan muchachas deliciosamente mugrientas, amigos de todas clases y, alguna que otra vez, su madre, que es «alternativa», naturópata y antisistema.

Silverio defiende el amor libre y el respeto a los seres vivos. Considera que todos, grandes o pequeños, tienen derecho a la vida. Piensa que si alguien da muerte a sabiendas, el universo, tarde o temprano, le devolverá el daño. No sabe cómo, pero se lo devolverá… «Siembra viento y recogerás tempestades…». Esa misma teoría es la que pone en práctica a cada momento porque disfruta repartiendo cariño. Silverio es paciente, comprende que los resultados son lentos y que toda obra requiere perseverancia. Nadie es inmune al cariño y a la amabilidad, en ese punto todos se derriten... Y si no funciona hay que aumentar la dosis. Cuando se abre el corazón, el efecto resulta sorprendente. Silverio practica su filosofía a diario, sin descanso, convencido de que estos modos cambiarán el mundo que le ha tocado vivir. A veces fracasa, choca con la intolerancia o el egoísmo…, pero no se arredra. Enseguida lo intenta de nuevo. No le importa si se cruzan en su camino personas-vampiro o no le agradecen lo que hace por ellos. Tiene las cosas claras y las refuerza cada día con los resultados que obtiene.

*El hacer bien a villanos es echar agua en la mar.**

Acude a jornadas y congresos que, en esencia, tratan siempre de lo mismo: proclamar los efectos positivos de la ilusión puesta en todo. Silverio asegura que es un hombre feliz y todo apunta a que es verdad. No gana mucho a final de mes ni tiene grandes responsabilidades, pero está convencido de que si las tuviera se comportaría exactamente igual. Desde su óptica, los problemas los crea el propio individuo cuando hace del egoísmo el eje de su vida y no comprende que el verdadero placer está en la generosidad.

Silverio fluye por encima de las dificultades y no hace valoraciones. Piensa que enjuiciar es un acto que busca culpables y sabe que las cosas suceden como consecuencia de una historia anterior, a veces totalmente fortuita. Por eso huye de las sentencias. Cree que la culpabilidad es un concepto religioso, básico, instaurado para mantener la cohesión social y marginar a quienes no respetan las normas, pero que siempre termina beneficiando a los poderosos. Ha reflexionado mucho sobre el tema y defiende algunas teorías arriesgadas con sus amigos en las tertulias de los sábados.

No es seguro que Silverio pueda mantener su coherencia. Será suficiente si consigue mejorar el mundo que le ha tocado vivir. Lo que sí se puede afirmar a día de hoy es que todos los que conocen a Silverio lo encuentran un hombre entrañable.

El tema no es baladí para los tiempos que corren...

CAPÍTULO TERCERO

DE LA JAMÁS OÍDA AVENTURA DE LA MANCEBA ÚRSULA, Y DE CÓMO SE AVERIGUA QUE EN TODOS LOS SITIOS SE CUECEN HABAS

En el barrio de San Juan, de Uturbi, una chica se debate entre la vida y la muerte (metafóricamente). Lo que en realidad ocurre es que Úrsula Retruécano está muy nerviosa porque en los próximos días se decide su futuro. No sabe a qué carta quedarse. Ha superado la prueba de acceso a la universidad y duda si matricularse en la Escuela de Magisterio de Uturbi o cursar estudios de Filología Hispánica en la capital de Anthropos. La cosa tiene miga. Para más lío, hace una semana que Sandalio y ella lo han dejado. En puridad, ha sido Sandalio quien le ha dicho que no quería continuar, después de haberse liado con Estivina, su mejor amiga. Por tanto, Úrsula está doblemente jodida (sin amiga y sin novio), o incluso «jodida» por partida triple, puesto que la noche anterior a la ruptura Sandalio insistió en hacer el amor con Úrsula y ésta no fue capaz de resistirse…

La muchacha recurre siempre a la familia para los asuntos importantes. Su padre apuesta por Magisterio; considera que «filología es pan para hoy y hambre para mañana». Argumenta que maestros de escuela siempre serán necesarios y remacha, como lo ha hecho miles de veces, que cuando se trabaja duro, el éxito llega. El padre ya no recuerda dónde escuchó la frase, pero la repite machaconamente desde hace años, convencido de que la única estrategia para triunfar en la vida es perseverar. La esposa le sigue la corriente al ferroviario, que tiene malas pulgas y se alborota como un gato a medio capar cuando le llevan la contraria. ¡Cualquiera lo aguanta! La madre de Úrsula ha estado distraída durante la conversación. No ha dejado de pensar en el tunante de Sandalio..., abandonar así a su hija... ¡Y parecía una mosquita muerta...! ¡Fíate tú de las apariencias...!

Después de escuchar a su padre, Úrsula ha dicho que se informaría bien y que tomaría una decisión. Después, tumbada sobre la cama, se ha dormido de un tirón con ropa de calle y zapatos. Por la mañana se ha levantado más aliviada, ha recordado fugazmente lo de Sandalio y la zorra de su amiga Estivina, y ha decidido matricularse en Magisterio para largarse del pueblo y perderlos de vista.

—¡Pues yo creo que ha hecho bien!
—Lo mismo da que da lo mismo; en algo tendrá que entretenerse...

Úrsula siente debilidad por los niños y siempre ha disfrutado viendo cómo exploran el mundo. Cuando está con ellos se sienta en el suelo, ríe, participa, recorta siluetas de cartulinas y les dibuja formas geométricas para que los niños las repitan. Tiene cualidades. Menos mal que ha tomado este rumbo; si hubiera elegido filología habría cometido el error de su vida.

Úrsula quiere huir de Uturbi. Aspira a ver mundo, salir de la rutina, conocer gente que la haga sentirse bien. Es seguro que Sandalio y su nueva pareja seguirán frecuentando los sitios que les gustan a los tres y no tiene estómago para verlos a diario.

La futura maestra enfila para la capital de Anthropos y comparte piso con otras chicas en el centro de la ciudad. Se instala en una zona tranquila, con casas de cuatro alturas construidas hace medio siglo. Su vivienda está en un barrio antiguo, ni rico ni pobre, acorde con su familia, que es gente de clase media y principios cristianos. Úrsula enseguida le coge el pulso a la ciudad y se desmelena por las noches. Conoce gente, sale de copas, agarra tremendas borracheras, fuma porros cuando la invitan y seduce a chicos sin mesura. Al principio se trajina a uno cada semana. Luego, a medida que se olvida de Sandalio, relaja su pasión vengadora y solo se acuesta con chicos que realmente le gustan. El año corre rápido. En los exámenes de junio aprueba, pero con notas ramplonas. No se le puede pedir más a Úrsula. El curso ha transcurrido como una exhalación y apenas le ha dado tiempo a mirarse el ombligo.

—No se habrá mirado el ombligo, pero algunos la han explorado en profundidad...

—¡Eso que se lleva!

Úrsula vuelve al año siguiente con verdadero interés por los estudios y más estabilizada emocionalmente. Selecciona las salidas nocturnas y los chicos con los que quiere coquetear. La madurez deja su huella.

Termina el curso con buenas notas (matrícula de honor en Psicología de la Educación, sobresalientes en Innovación Técnica y Educación Visual). Parece que le ha cogido el ritmo a estudiar y disfruta a partes iguales con la teoría y la práctica. Úrsula se encuentra feliz asimilando conceptos. No percibe las asignaturas como una obligación. Siente que la Escuela de Magisterio es un magnífico lugar para desarrollar y proyectar sueños.

En junio del cuarto curso finaliza los estudios y regresa a casa. Las notas del primer año le han afeado un poco el expediente, pero en el resto de cursos ha obtenido buenos resultados. En total, dos matrículas de honor, once sobresalientes y dieciséis notables..., no está nada mal. Lo importante es que ya tiene el título y se siente preparada para avanzar a la siguiente etapa de la vida.

El primer año acepta sustituciones en Gascuña, un pueblo de la Sierra de Berbería que se encuentra lejos de cualquier lugar. Disfruta de los paisajes, del mundo rural, de sus monótonos días... El colegio tiene una plantilla de cuatro profesores y cincuenta alumnos. No es para tirar cohetes, pero facilita la familiaridad. A Úrsula, que tiene ambiciones, le parece un lugar con poco futuro.

Después del curso en Gascuña decide estudiar oposiciones. No quiere deambular por los pueblos durante años como profesora interina y viajando como una nómada. Para conseguir su objetivo se apunta a una academia *online* y estudia ocho horas diarias durante nueve meses. En junio se presenta a los exámenes, pero suspende. Falla en la prueba oral, donde obtiene un tres con ocho tras haber superado el cuestionario principal y demostrar ser la mejor en el práctico.

—¡Las oposiciones...! ¡Cuánto esfuerzo arrojado a la basura!

—¡No hay lugar para tantos! Todos los estudiantes quiere ser funcionarios y tener un sueldo vitalicio.

Úrsula no tira la toalla y se presenta a la siguiente convocatoria. Se centra en el temario, amplía contenidos, consulta con compañeros que han superado la prueba. Trabaja sin descanso. Úrsula se encasquilla un poco cuando habla y el padre le busca un logopeda para que defienda la prueba oral con garantías. La madre, que quiere colaborar, sugiere que estudie en voz alta para reforzar el fraseado y soltar la lengua. Úrsula tiene una voluntad de hierro, le vendrán bien sus consejos.

La constancia cosecha frutos y Úrsula lo consigue en la siguiente convocatoria. Un nueve y medio en el último examen. Tiene el porvenir resuelto. Con esa nota, la mejor de la convocatoria, es la envidia de sus rivales y el orgullo de la familia.

Úrsula debe elegir plaza en otoño. Con la puntuación que tiene ha pensado en Barbastron, un pueblecito situado a cien kilómetros de la capital de Anthropos del que le han hablado maravillas. Preferiría una ciudad más grande, pero hay cuchilladas; no va a llegar la última y besar el santo...

El día de la asignación de plazas tiene por delante cien colegas con menos nota en el examen pero más puntos por años de experiencia. Todo suma. Uno tras otro, como moscas a la miel, van arraplando, en forma de anillos concéntricos, con las localidades más próximas a la capital. Cuando llega su turno está libre Barbastron y puede elegirla ¡menos mal! Tiene veintitrés años, buena formación, muchas ganas de trabajar, una preciosa melena negra, y un tipazo que seguro va a quitar el sueño a más de un chico de la localidad.

Por fin está donde ella quería. El futuro se abre como una flor. Quiere entregarse a la docencia en cuerpo y alma, disfrutar de los niños y aplicar lo que ha estudiado durante la carrera. Sabe que aún queda mucho por aprender y que tendrá que acudir a congresos, participar en charlas, asistir al simposio internacional de la docencia que se celebra cada año en la capital. Está loca por publicar artículos en revistas, aunque sabe que primero tendrá que acumular experiencia. Se reciclará siempre; le horrorizaría ser una maestra de escuela harta de su trabajo que piensa en jubilarse. Lo ha visto tantas veces en los profesores viejos que jura no abandonarse jamás, por mal que le vengan dadas.

Su idea es formar parte de un equipo de profesores interesados en el universo del niño, preocuparse por más cosas que la materia curricular. Tendrá que valorar la educación que reciben los alumnos en sus casas, corregir los malos hábitos familiares y, por qué no, detectar los problemas y micro-traumas que a veces convierten a un niño de apariencia normal en un alumno fracasado, apático o incapaz de asimilar conceptos. ¡Qué interesante el camino que le queda por recorrer…!

Úrsula es presentada ante los compañeros por el director del colegio en el primer claustro que se celebra. Hay profesores jóvenes y otros no tanto, pero todos parecen buenos profesionales. El director y el jefe de estudios, que no cuentan con la virtud de la alegría, le han dicho que este año impartirá las clases de primera hora del lunes y las del final de la mañana del viernes. Además, le han asignado cuatro clases más a la semana que al resto de profesores. Le dicen que el año que viene ya se verá, que no se preocupe. A Úrsula le ha extrañado tanto misterio y ha quitado importancia al asunto; está deseando trabajar y lo demás es secundario. Hubiera preferido impartir materia a los de segundo de primaria porque es la edad con la que se siente más identificada. Así se lo pidió al jefe de estudios, pero le han adjudicado los de sexto ¡Qué le vamos a hacer!, a ver si el año que viene puede ser...

Siente a los chicos adormecidos, como si aún no hubieran despertado a la vida. Los encuentra abducidos por las pantallas de los ordenadores y otras máquinas deleznables. Las niñas andan como princesas sin trono, siempre con risitas y chismorreos, luciendo trapitos o llamando la atención con cualquier excusa.

Úrsula prepara los temas con pasión, aunque las materias que aprendió en la Escuela de Magisterio no se ciñen a los contenidos que exigen los inspectores de la Jefatura de Formación. El director del colegio le ha pedido que no se complique la vida: «habla con la profesora del año anterior y, más o menos, desarrolla el mismo temario». Pero Úrsula no ha estudiado una carrera y aprobado una oposición para comportarse como una mojigata, ¡faltaría más! Sus anhelos quedarían frustrados si aceptara un comienzo tan vergonzoso. Elaborará un buen programa anual, con estructura, cronograma y objetivos. Está en juego su dignidad. Temporalización, planificación, propuestas de actividades extraescolares, prácticas inteligentes y compensación de contenidos para los chicos que no puedan alcanzar el mínimo. Cree en ello y no se apartará un ápice de esas ideas. Es la responsable de su clase y el director tendrá que comulgar con ruedas de molino, ¡hasta ahí podíamos llegar! Úrsula dedica muchas tardes a trabajar en casa. Prepara el proyecto curricular como le han enseñado, con textos adaptados para cada edad. Así es ella, inflexible en lo esencial, responsable y madura. Será joven y de apariencia frágil, tal vez obstinada, pero tiene claro lo que quiere y va a luchar por defenderlo.

Cuando termina el documento se lo muestra al jefe de estudios. El tipo promete estudiarlo, pero hace un extraño rictus cuando ve sus apartados. ¡Que no se le ocurra corregir ni una coma...! —ha pensado Úrsula—. Discurren los días y el cuellierguido del jefe de estudios no da señales de vida; escurre el bulto como si el tema no fuera con él. Úrsula es mujer que coge el toro por los cuernos y una mañana lo acorrala en el pasillo. El jefe de estudios se hace de nuevas, dice que las cuestiones de planificación deben hablarse con el director y da algunas excusas por no habérselo comunicado.

—¡Ese tipo es un lobo con piel de cordero!

—¡Pche...! Defiende su territorio y se cubre la retambufa, como los perros viejos.

Don Evaristo, que así se llama el ilustre director del colegio, trata a Úrsula con calor paternal. Ensalza el plan curricular que ha elaborado, elogia sus contenidos, pero le hace saber que están en un humilde colegio de pueblo donde los cambios tienen muy difícil encaje. Su proyecto implicaría gastos que el centro no puede asumir y plantea cuestiones que chocarían con el sentir de los padres, poco partidarios de novedades. El director alaba el trabajo de la profesora y para evitar una tormenta se adueña de la palabra durante algún tiempo, como un «abuelo cebolleta». Así, durante varios minutos, le habla de sus comienzos, al parecer similares a los de Úrsula. El documento le parece espléndido y de mucho recorrido, pero sugiere que lo modifique para adaptarlo a los programas del centro. A Úrsula se le llena la boca de arañas. Debate, argumenta, intenta explicar lo que seguramente no han entendido ni el director, ni el tarugo del jefe de estudios. Pero el hombre que tiene delante ha toreado en muchas plazas y conduce el novillo a chiqueros. Don Evaristo, que no se alteraría ni dentro de una olla hirviendo, termina la faena con puntilla cuando le explica a Úrsula el magnífico equipo que forman todos y la responsabilidad que se adquiere al trabajar con mentes en plena transformación. Le recuerda la importancia de respetar la jerarquía académica y despacha a la profesora con una sonrisa etrusca que le ha funcionado bien durante años en las reuniones, pero que a Úrsula le parece la de un bulldog estreñido.

La profesora está que trina, sale del despacho como un búfalo en estampida y no saluda a nadie por los pasillos.

Deberá corregir el documento y llevarlo a la mediocridad. Es su primer revolcón laboral.

*Retráteme el que quisiere —dijo Don Quijote—, pero no me maltrate; que muchas veces suele caerse la paciencia cuando la cargan de injurias.**

Úrsula está ilusionada con los alumnos, aunque de los compañeros, a excepción de Amelia y Mauro, no puede decir lo mismo. Toma café con algunos de ellos, pero solo se desahoga y proyecta sueños con sus dos amigos. Son un encanto. Lástima que Mauro se encuentre casado, porque no le importaría echarle un tiento... Es un tipo tan de mundo, equilibrado y amable, que le resulta extraño en un colegio de pueblo. Disfruta con el deporte y la literatura, habla con alegría, sin tapujos, y sabe cómo encandilar a los chicos dentro y fuera del aula. Tiene la energía que Úrsula necesita para vivir: optimista, contagiosa, limpia… A Úrsula le encanta estar al lado de Mauro. Amelia, además de mujer, es una gran persona, y se ha convertido en una pieza clave para su estabilidad emocional. Las conversaciones con ella consiguen contrarrestar el ambiente casposo del profesorado.

Para Úrsula los alumnos son el objetivo principal. La prioridad es que asimilen conceptos, aprendan a estudiar y adquieran una educación rica en valores. Eso es lo que desea, pero no es la línea que sigue el colegio, donde se fomenta más la adulación a los jefes que la formación. En cuestión de horarios, prefiere no tocar el tema; siempre benefician a los «coleguitas» del jefe de estudios. Y de las actividades extraescolares, mejor callarse; no entiende por qué todas sus propuestas caen en saco roto, igual que las de Mauro y Amelia. Las visitas de los inspectores se repiten varias veces al año, pero una mano invisible las hace coincidir con su día libre, como si alguien quisiera impedir que hablase. A pesar de todo, Úrsula disfruta de un caudal de experiencias que disfruta con alegría. A veces, cuando no comprende la mezquindad de quienes mandan, siente que se le encoge el espíritu, como si le faltara el aire, pero enseguida remonta y se muestra dispuesta a luchar, enseñando los dientes ante las injusticias. Se ha acostumbrado a estar del lado de los perdedores, pero las pequeñas batallas consiguen mantenerla viva y multiplican la complicidad con Mauro y Amelia. Para Úrsula todo eso merece mucho más la pena que la actuación empalagosa y traidora de sus compañeros con la dirección a cambio de prebendas. Se ha resignado a recibir, denegados, los permisos para asistir a congresos, o a que la ignoren en el diseño de la planificación extraescolar. Aun así, los jefes viven fastidiados, envidiosos, porque los alumnos la adoran y en el pueblo hablan de ella como si fuera una diosa llegada del Olimpo.

Úrsula se encuentra segura de sí misma y ha hecho amistad con un grupo de jóvenes de la localidad con los que hace senderismo los fines de semana. Los viernes acude a la filmoteca de la capital para disfrutar de películas de autor. Le falta el amor, pero está a punto de llegar...

Una mañana, en el intercambio de clases, Mauro le hace un comentario que la deja muy excitada. Hasta ese momento se había mantenido siempre a distancia, con mensajes estrictamente profesionales. Mauro le confiesa que ha soñado con ella. Al tiempo, adopta un gesto de adolescente inseguro que dispara la imaginación de la profesora. Úrsula busca en los ojos de Mauro una explicación y encuentra dos brasas encendidas. Después transcurren algunos días sin que nada suceda. Úrsula es una mujer paciente, pero por sus tripas andan los comentarios de Mauro como si fueran cangrejos. Se ha encendido la llama. Ahora piensa que ha estado demasiado tiempo cruzada de brazos y que no está dispuesta a comportarse por más tiempo como un verdugo persa. Si deja el asunto al destino tal vez no encuentre otra oportunidad, así que se arma de valor y acude al colegio con una blusa de seda ligeramente desabotonada que causa revuelo en el colectivo de hombres. Mauro, heroico, resiste, pero al finalizar la jornada se acerca a Úrsula para recordarle la excursión que deben hacer en primavera con los alumnos. Le sugiere que sean ellos quienes visiten primero la zona para conocer el terreno y valorar las actividades. El tono confidencial de Mauro le delata y Úrsula, alegre como un cascabel, le responde que cuando quiera…

Mucho lío va a ser comenzar un romance con un casado —piensa Úrsula—, pero hace tiempo que le revolotean las mariposas por el estómago y no piensa sujetarlas más. ¿Romper el matrimonio de Mauro?…, no es de esas. Pero tampoco luchará contracorriente, ahora que sopla el viento cálido del amor. Con estas mimbres, traducidas en un deseo caníbal por comerse a Mauro, los dos profesores se adentran en el camino de la pasión.

Era una tarde de primavera y flores. El sol brillaba. Los dos profesores se alejaron de Barbastron en un vehículo conducido por Úrsula. Circularon por una carretera asfaltada hasta tomar un camino de tierra. Recorridos varios kilómetros, aparcaron el coche en un descampado y caminaron a pie flanqueados por una fila de árboles. En la estación de las hojas nuevas los brotes de la vegetación bullían de vida. Avanzaron por una vereda que discurría serpenteante a un arroyo. Una bandada de jilgueros atravesó el bosque dejando a su paso una estela de sonidos metálicos. Úrsula y Mauro intercambiaban sonrisas. La naturaleza hablaba su lenguaje de puertas abiertas. Al llegar a la Fuente del Milano extendieron los planos sobre la hierba y marcaron con piedras el itinerario que debían recorrer los chicos. Algunos comentarios amables sirvieron para aclarar matices sin importancia. Finalizada la tarea, decidieron aproximarse al lago situado al fondo del valle. El agua se encontraba cubierta de ranúnculo, una alfombra flotante de margaritas. Desde la orilla, ranas asustadizas saltaban y desaparecían entre el cieno. De repente se encontraron rodeados por cientos de ellas, tal vez miles, que croaban en concierto.

Mauro se acercó a Úrsula por detrás y la tomó por la cintura. La muchacha se acurrucó sin remilgos. Luego la besó en el cuello y encontró sus labios. Abrazados, sin decir palabra, permanecieron varios minutos. Finalmente, entre risas, rodaron por el suelo hasta terminar haciendo el amor bajo un castaño centenario.

El amor y el dinero no se pueden ocultar. Con la sospecha de algunos profesores —más de ellas—, Úrsula y Mauro avanzaron por el resbaladizo camino de la mentira. Aprovecharon cualquier oportunidad para concretar citas y entregarse en cuerpo y alma. Fingieron reuniones de trabajo, trabajos extraescolares, excursiones ineludibles y congresos de obligada asistencia, pero era cuestión de tiempo que los descubrieran paseando por el campo, agarrados de la mano o en la puerta de un motel. El asunto se complicaría cuando la engañada esposa decidiera investigar detalles que llamaban poderosamente su atención: Mauro iba muy afeitado, incluso los sábados por la mañana, cuando salía a dar un paseo por la naturaleza. Y la evitaba a todas horas, pero no un día o una semana..., es que no la tocaba desde hacía meses.

En el otro fiel de la balanza, Úrsula deseaba compartir su tiempo con Mauro. Lo añoraba, se sentía impotente cuando estaba lejos. No quería exigirle, mucho menos presionarlo, pero cuando se separaba de él no encontraba consuelo.

En varias ocasiones decidieron terminar la relación. No podían seguir así, engañando a todos, escondidos, enfangados en una mentira que les obligaba a ocultarse del mundo como si fueran fugitivos. Pero había recaídas. La debilidad de la carne. Para ambos, estar en el colegio y no poder tocarse era como vivir sin aire.

Pasaron los años y la relación de Mauro y Úrsula era un secreto a voces. En Barbastron todos lo sabían. Solo la esposa de Mauro desconocía la verdad. Ella sentía extraño a su marido y en el hogar reinaba un silencio de muertos. La evitaba, rehuía su presencia, no la deseaba. Ella había cambiado varias veces de *look*, ahora de rubio con ropa ceñida, luego de minifalda, por las noches utilizando lencería... Pero Mauro vivía quebrado: se debatía entre «el quiero» y «el debo», entre lo que hacía y lo que debía hacer. No deseaba infligir daño a nadie, sentía una losa sobre su cuerpo. Quería decirle a su esposa que la abandonaba, que estaba locamente enamorado de otra mujer con la que era feliz…, pero no podía. Tantos años…, tantas promesas. Los padres, la familia, la hipoteca. Demasiados muros infranqueables. Las semanas transcurrían y los tres protagonistas agonizaban en un triángulo de locos.

Culminó el séptimo curso en Barbastron y llegó el verano. Tal y como había ocurrido otras veces, los meses estivales fueron un paréntesis para los amantes y un desierto inhóspito para Úrsula. En julio y agosto no supo nada de Mauro. Lo llamó cada semana, desesperada, pero Mauro rehuía el teléfono. En septiembre Úrsula regresó a Barbastron y lo buscó por todas partes. No aparecía. Preguntó al director, que la informó del traslado de Mauro a otro colegio, a cuatrocientos kilómetros de Barbastron.

«¡No era posible! ¡Él nunca haría una cosa así! ¡Algo debía haber pasado! Contactaría con él» —pensó conmocionada—.

Los intentos de Úrsula resultaron infructuosos y a medida que fue aceptando la idea se olvidó del mundo. Durante semanas perdió las ganas de vivir, no acudió a las clases y pasó el tiempo llorando sobre la cama. No había nada que mereciera la pena para ella. También se iría de aquel pueblo. Estaba harta de todo, de los padres, de los alumnos, del director. Del jefe de estudios…, ni mencionarlo. Hacía tiempo que no se dirigían la palabra, ¡estúpido, incompetente! Y por si fuera poco…, la miraba con sonrisas seductoras ¡Lo estamparía contra la pared! ¡Ya veríamos si no lo denunciaba por acoso! Úrsula necesitaba un cambio urgente, aunque el curso tendría que quedarse en la localidad.

Los meses transcurrieron a trancas y barrancas, con muchas penas y pocas glorias. Úrsula salía los viernes a tomar copas. Mantuvo muchas conversaciones con Amelia, que lo sabía todo desde el principio. Su compañía la ayudaba a estabilizarse. ¡Menos mal que tenía alguien en quien confiar!

Al año siguiente pidió traslado a Troncador, a pocos kilómetros de la capital. Y se lo concedieron, ¡Claro! Tenía méritos de sobra. A Úrsula le dijeron que la localidad tenía mucha vida cultural.

El cambio le permitirá a Úrsula plantearse las cosas de otra manera. Según dicen, los profesores no son tan inmovilistas y llenos de prejuicios como en ese lugar inmundo en el que ha vivido durante años, así que intentará desempolvar el proyecto curricular que le echaron por tierra cuando llegó a Barbastron.

El colegio al que la han destinado es grande y tiene buen aspecto; seguro que hará buenas relaciones...

Úrsula es presentada por el director del colegio en el primer claustro que se celebra. Hay algunos profesores jóvenes y otros no tanto, pero todos parecen buenos profesionales. El director y el jefe de estudios, que no cuentan con la virtud de la alegría, le han dicho que este año le corresponderán las clases de primera hora del lunes y las del final de la mañana del viernes. Además, le han asignado cuatro clases más a la semana que al resto de profesores. Le dicen que el año que viene ya se irá viendo, que no se preocupe...

CAPÍTULO CUARTO

DONDE SE CUENTAN LAS PASIONES DEL ALCALDE Y SUS ACÉRRIMOS PARTIDARIOS

Torre de San Bueu, en el norte de Anthropos, es una aldea del municipio de Caganto que desea salir al océano. Quienes conocen estas tierras las evocan con casas dispersas por los montes, mujeres al cuidado de ovejas y barquitos de colores faenando por las rías.

—Y mariscos, ¿no?

—Sí, sí..., y mariscos.

En esta región, los hombres se embarcan durante meses para pescar en caladeros lejanos mientras sus esposas cuidan de la casa y la huerta, aunque esta letanía pertenece al pasado y no sirve para explicar lo de Torre de San Bueu, que ni es aldea de mar, ni lo será nunca...

A los habitantes de Torre de San Bueu les cuesta trabajo creer que su alcalde haya sido otra cosa que edil del pueblo. Lleva en el sillón municipal treinta y siete años, ¡ahí es nada! Como cualquier hombre de la comarca, también fue rapaz, manchó los calzoncillos de palominos y arrojó piedras a *La Dolores*, puta del municipio de Urube que hacía la ronda por la aldea una vez por semana para alegría de varones y escándalo de casadas.

Con once años, el futuro alcalde de Torre de San Bueu era medio lelo. Los de su quinta recordaban el día que se fue a estudiar a la capital y cómo volvió, con el rabo entre las piernas, llorando como un mojigato y sin aprobar una sola asignatura. Según la casera de la fonda en la que se hospedó, cuando el muchacho regresaba de la escuela pasaba las tardes mirando por la ventana de la habitación, atolondrado, a la espera de que su madre apareciera para rescatarlo de su horrible destierro. Lo que no cuentan los vecinos de Torre de San Bueu (porque lo desconocen), es que el mismo día que regresó a la aldea, cogió el padre un autobús hacia la capital para solucionar el problema. Se demoró tres días y a nadie reveló las gestiones realizadas, pero a su llegada ordenó al muchacho recoger el petate y enfilar de nuevo para la ciudad. El padre, poco amigo de explicaciones, informó a la madre de los resultados y ella no indagó en los detalles. Le quedó claro que el tema se había saldado a favor de la familia porque su hombre no daba puntada sin hilo y, como buen caballero, «lo que no alcanzaba con la mano, lo alcanzaba con la punta de la espada». Todavía hoy, treinta y siete años después, sobrevuela por Torre de San Bueu el misterio de la fórmula empleada con el director del colegio, es decir, si hubo solo un intercambio de palabras o el aldeano hubo de contribuir al mantenimiento del colegio y al bolsillo de algún que otro directivo. Lo que sí sucedió tras el pacto allí firmado, es que el chico aprobó todos los cursos y se diplomó en empresariales con nota final de sobresaliente. No obstante, el aire de zangolotino no se lo sacudió hasta muchos años después, tras el primer nombramiento como alcalde, aunque toda su vida conservaría la sonrisa bobalicona que se le quedó grabada en el cerebro cuando sorprendió a la Dolores en cueros, trajinándose a su amigo Zambrano, en el corral de su propia casa y con trece primaveras recién cumplidas.

El actual y casi único alcalde conocido de Torre de San Bueu tiene un nombre muy lírico: Plinio Freixo de Sousas, de padre oriundo de Torre y madre foránea. Este matiz, de nimia apariencia, tuvo sus consecuencias en la primera campaña electoral, treinta y cinco años antes de que lo galardonaran como el alcalde más antiguo de Anthropos. Los de izquierdas criticaron sus orígenes porque no eran de la propia aldea, pero lo que más hizo peligrar las aspiraciones del candidato fue la estela que arrastraban los varones de su familia, caciques durante generaciones y hombres de estirpe que, crecidos en la soberbia, habían sido activos practicantes del derecho de pernada por toda la comarca.

—¡Venga ya...! ¡Eso solo existe en la literatura medieval!

—Pues en algunas aldeas de Anthropos ocurrió hasta hace bien poco...

Los expertos en política aseguran que la biografía de un candidato no tiene por qué repercutir sobre los votos que obtiene. Tal vez. Para comprobarlo, basta leer las noticias antes de las elecciones y verificar luego los resultados. El análisis no admite réplica: la trayectoria de un candidato no afecta al balance final de votos. Lo que importa, y mucho, es el ideario político al que pertenezca el candidato y si tiene carisma de líder.

El alcalde de Torre de San Bueu es un hombre de bien que no quiere valorar si su padre y ascendentes se pasaron por la piedra a una buena parte de las doncellas de la comarca. Desde su punto de vista, no es razón para que sufra un ajuste de cuentas en las urnas. Lo importante, según don Plinio, es que él y su familia sean decentes y católicos, mantengan en orden el municipio y atiendan a los votantes como merecen, sean justas o no sus peticiones. Es decir, que se les dé razón cuando pregunten eso de: «oiga, señor alcalde..., y ¿qué hay de lo mío...?».

Don Plinio será lo que ustedes quieran (ahora no estamos para adivinanzas), pero atento no lo hay más. Con la gente se desvive. Bromea, escucha, maneja esa retranca que tanto agrada..., y gasta un aire machista que complace a todos los vecinos (dicen los que le votan...).

Desde que don Plinio dio su primer discurso encaramado en lo alto de un remolque repleto de heno, hace treinta y siete años, no ha variado su forma de hacer política. La coordinadora regional del partido, que es joven y distinguida, lo corrige para que abandone esas maneras de caudillo trasnochado. Pero don Plinio tiene convicciones que no está dispuesto a modificar. Con ademanes de otra época, tirando de dialecto local, toma la palabra, se enardece, teje una telaraña en torno a su persona y elabora un discurso mesiánico. Hace años incorporó a su currículo una diplomatura en sociología que, al parecer, cursó a continuación de la de empresariales, además de un doctorado por la universidad de Anthropos que no había querido mencionar hasta ahora por modestia. El alcalde se entretiene en logros de la legislatura, habla de las inversiones conseguidas, menciona a los políticos que le abren las puertas y se recrea en la amistad que mantiene con ministros y directores generales. A la mínima oportunidad muestra unas fotografías en las que aparece con el Monarca de Anthropos y el presidente del Consejo General de la Judicatura (en tercera línea, junto a otros cincuenta miembros del partido). No se inhibe a la hora de hablar de su patrimonio porque ha leído que las personas de bien valoran mucho si un líder es una persona con dinero o un pelanas. Don Plinio entró en política por vocación y quiere hacer de Torre de San Bueu una aldea ejemplar. No necesita el sueldo de la alcaldía para subsistir, eso siempre lo deja claro; dinero y poder desde antes de nacer…

—Le preguntaron a una gitana vieja por quién votaría en las elecciones. Ella respondió sin dudar: al que esté más gordo, que no tendrá que robar para comer…».
—¡Qué tendrá que ver eso con don Plinio!

Los aldeanos de Torre de San Bueu no son gitanos, pero tienen una forma de entender la vida basada en la experiencia y les gusta saber que sus gobernantes ya eran gente próspera antes de llegar al poder. Don Plinio es un señor, dicen todos, y cumple con su palabra, que no es poco. El alcalde se preocupa por quienes le votan y despedaza sin piedad a los que no lo hacen. Corre por el ayuntamiento como una exhalación, de aquí para allá, cruzando despachos y dictando órdenes como si fueran ráfagas de una ametralladora. Don Plinio piensa que es bueno mandar, aunque sea un hato de ganado. Cuando llegan las elecciones sale al balcón del consistorio para dar mítines y entra en éxtasis. Sus partidarios lo escuchan con una atención incomprensible. No se cansan de escuchar siempre el mismo discurso. Sus seguidores dicen que a medida que pasa el tiempo transciende lo humano. Don Plinio es un hombre que ha luchado por su pueblo y está dispuesto a seguir otros treinta y siete años si los vecinos se lo piden.

*Pero como los más eran gascones, gente rústica y desbaratada, no les entraba bien la plática de Don Quijote.**

Lo cierto es que los aldeanos no le piden nada. Cada uno va a lo suyo; la vaca, que no da leche; los grelos, helados anteanoche ¡vaya faena!, y la hija de Isaura, que va para tres años que se fue al extranjero embarazada del hijo del médico ¡menudo sinvergüenza! Eso, sin entrar en el dolor de la pierna de Lucinda, que ni con agua bendita se le quita; el bueno de don Porfirio la recetó ungüentos de trementina antes de jubilarse y la cosa iba bien..., pero hace dos años llegó un nuevo galeno que es como un arenque reseco y solo despacha conversación para las enfermedades. En el pueblo piensan que ni es médico ni es nada, está como a medio hervir...

Don Plinio a veces se siente el propio Sócrates. Hace giros, gesticula, expresa sus ideas con vehemencia y las repite como una cacatúa. Desde el balcón consistorial comprueba el efecto de sus palabras sobre la concurrencia. Don Plinio no tiene prisa para terminar; ataca y ridiculiza a los de la oposición, tacha de muertos de hambre a quienes considera enemigos y habla de Dios como si pudiera despachar con Él cada mañana. En el fragor del discurso siente que triunfa cuando el sudor le corre canalillo abajo hasta el ombligo. Hace entonces un receso para recoger aplausos, que bien los merece, y arremete contra los del gobierno central, esa pandilla de corruptos contrarios a su pueblo que han impedido, hasta ahora, que la aldea prospere como merece. Unas veces sí, otras también, habla de los presentes. Halaga a cada uno de ellos ensalzando sus virtudes, recuerda lo que han conseguido durante años, las promesas cumplidas, la amistad que se profesan, al final..., lo único importante de la vida. Aprovecha esos instantes para enviar una mirada fraternal y cuajar un prolongado silencio; todo contribuye a dar empaque al discurso...

Cuando don Plinio siente cercano el día de la votación, procura que se le caigan las lágrimas. A veces gimotea. Entonces se coloca un pañuelo sobre la nariz y pide disculpas. Ha comprobado que «al bien hacer jamás le falta premio» y que esta estrategia transmite humanidad y ablanda el corazón de mujeres, jóvenes e indecisos. Lo que sea necesario para un voto.

Los emigrantes que regresan cada verano preguntan por don Plinio. Les sorprende la energía del sexagenario. Es incombustible, —dicen—, con la edad que tiene. No hay mejor persona en todo Anthropos —aseguran los más viejos—. Ellos no saben que un político lo es hasta que muere, que la vida, el oxígeno que respira, se lo dan sus votantes y partidarios, y que a don Plinio, mientras siga teniendo el calor de los vecinos, no lo saca de la alcaldía ni el propio Lucifer. ¡Qué importa si recibe algunos regalos y aportaciones de simpatizantes del partido!, ¡o que haga y deshaga con los contratos lo que le venga en gana, siempre en contra de los dictados del secretario municipal! ¡Qué tiene de malo que se recalificara como urbanizable una zona de huertas propiedad de su mujer!

Esas cosas son secundarias. No se puede ser tan quisquilloso. Cualquier hombre tiene defectos. Lo dicen las Santas Escrituras: «el que esté libre de culpas, que tire la primera piedra...».

Si el gobernador sale rico de su gobierno dicen dél que ha sido un ladrón, y si sale pobre, que ha sido un parapoco y un mentecato. *

En la carretera principal de Torre de San Bueu el gobierno ha autorizado una gasolinera cuyo titular es doña Solisa Piriz de Caldas, esposa de don Plinio. ¡Alguien tenía que asumir la responsabilidad de reactivar la economía de la zona! Si el alcalde no hubiera estado atento, se habría perdido una oportunidad para el municipio.

—¡Hombre, para el municipio, lo que se dice para el municipio...!

—Para el municipio..., y también un poco para la familia del alcalde. Lo importante es que la plusvalía no se vaya fuera.

—¡Qué tendrá que ver la plusvalía con todo esto…!

Los políticos se aseguran el porvenir. ¿O es que deben quedar como indigentes al cesar en el cargo? ¡No, hombre, no…! Son buenos conocedores de lo humano, han manejado presupuestos públicos, aceptaron asumir responsabilidades… Han entregado sus mejores años al bien común…, merecen alguna recompensa, ¿no?

Los hombres de la política entienden bien el funcionamiento de la sociedad. Saben que son eventuales y que en cualquier momento perderán el poder. Acusar a don Plinio de tener gestos egoístas es como ofrecer caramelos a la puerta de un colegio y pretender que los niños los rechacen. La condición humana: el hombre piensa de manera distinta cuando tiene que cuando no tiene. Don Plinio, después de treinta y siete años como alcalde, ha tenido tiempo para atender a sus votantes y cargar las alforjas.

El alcalde de Torre de San Bueu no es un anacoreta que se conforme con un puñado de nueces, pero tampoco practica el materialismo más feroz. Después de tanta «experiencia», un constructor ha puesto a su nombre un apartamento de lujo en la playa de *La Langosta*, y una parte del presupuesto del plan de infraestructuras municipal lo ha repartido el alcalde al cincuenta por ciento con el dueño de los almacenes de construcción de Alcarin. Eso sí, con absoluta discreción. A fin de cuentas, ¿para qué iban a cambiar el adoquinado de la plaza mayor si se había modificado cinco años antes y estaba en perfectas condiciones…? En lo tocante a la familia, Inocencio, su hijo mayor, disfruta en la actualidad de una beca en Stanwicx porque su padre habló con Pere Cabernet, el subdirector general del Ministerio de Formación de Anthropos. Le concedieron una de las cien becas de excelencia del ministerio con una duración de tres años y nueve mil «mingotes» por año. ¡No está mal! Y su hija Consolación es actualmente directora adjunta de TV Anthropos. Para su nombramiento, fue decisivo el máster que cursó en el extranjero y que pagó su padre con mucho esfuerzo ¡Perdón...!, que quiso pagar..., porque a última hora no lo dejaron en el partido; se tiró de la partida de seis mil «mingotes» destinada a gastos de representación que don Plinio no había consumido en quince años. Prácticamente le obligaron a disponer del saldo y lo destinó a la educación de su hija, ¡qué mejor inversión!

Los políticos de Anthropos son dados a rasgarse las vestiduras por cualquier tontería y continuar después como si no hubiera pasado nada. La gestión en la Administración Pública también tiene su cara y su cruz. Se alternan momentos de gloria con etapas difíciles. Es necesario bailar al ritmo de la música, encajar golpes, lanzar directos. Resulta imprescindible tener apoyos y adular a las personas influyentes. Se precisa caer bien, participar, multiplicarse, estar en varios sitios a la vez... Al comité ejecutivo hay que llegar con un aval de votos que demuestren la valía; es lo que permite acceder a puestos de responsabilidad. El camino es pedregoso y se encuentra plagado de obstáculos, pero una vez conquistada la posición se defiende a espada. Después..., una de cal, una de arena; una para el pueblo, una para mí; una para el pueblo, dos para mí; una para el pueblo, tres para mí; y así sucesivamente...

—Pues yo creo que hay muchos, muchísimos altos cargos, que son gente íntegra.

—¡Por supuesto! Los de izquierdas que trabajan para mejorar la justicia social y consolidar la libertad. Los de derecha obsesionados por generar más riqueza y crear empleo. No digo lo contrario...

—Pues me lo estaba pareciendo...

A don Plinio Freixo de Sousas lo van a seguir votando sus vecinos, haga lo que haga y se embolse lo que se embolse. Nadie en la aldea olvida cómo solucionó el asunto de don Bernardo. Menudo lío tenía don Bernardo con Demóstenes Franciño, un gañán analfabeto empecinado en cruzar las vacas por el camino de la fresneda. Mil veces le dijo don Bernardo que por allí no se podía pasar porque, aunque el camino no constaba como privado, era particular desde que su señor padre lo deslindó con postes años atrás. El bruto de Demóstenes, terco como una mula, insistía en que el camino era de todos y que él seguiría pasando a diario con su ganado porque vivíamos en un Estado de Derecho. Don Bernardo, para no llegar a las manos, se fue a ver a don Plinio. El alcalde, que siempre los tuvo bien puestos, mandó colocar al alguacil a la entrada del camino, pistola al cinto, con la orden de no dejar pasar al ganadero. Cuando Demóstenes llegó a la encrucijada, precedido de sus vacas, el delegado del alcalde lo conminó a retirarse y le advirtió que el ayuntamiento estaba investigando su lechería porque sabían que no estaba al orden con Sanidad. El mensaje no precisaba más explicaciones. Según contó después el alguacil muerto de risa, el bestia de Demóstenes bufaba como un buey atorado, murmuraba palabras ininteligibles y hacía aspavientos con los brazos como un monigote mecido por el viento. Demóstenes permaneció inmóvil durante unos instantes sin saber qué hacer, giró varias veces sobre sí mismo y caminó en distintas direcciones como si hubiera perdido el equilibrio. Finalmente, dio la vuelta por donde había venido y regresó sobre sus pasos. No iba a ser tan necio de meterse en un callejón sin salida y que la bravuconada le costara el pan de sus hijos.

¡Eso es un alcalde...!

Por eso don Bernardo (y otros muchos) son de don Plinio. Sí, señor, de don Plinio..., lo mismo da que reciba críticas o que por la puerta de atrás ingrese dinero extra. Don Plinio es un hombre temeroso de Dios que se preocupa por sus vecinos y una persona en quien confiar.

Lo demás..., son chismes de resentidos.

CAPÍTULO QUINTO

DONDE SE CUENTAN LAS ZARANDAJAS QUE LE OCURRIERON A FEDERICO PARA HACERSE ESCUDERO DE DON NICOMEDES

Federico recordaba que en su casa no había cuarto de baño para lavarse. Palangana iba, palangana venía, los padres se las habían arreglado siempre en una vivienda de sesenta metros cuadrados en cuyo suelo de madera, próximo al rincón del fondo, se disimulaba un agujero para las evacuaciones fisiológicas. Cuatro hijos y tres hijas componían una familia donde la mayor alegría consistía en ponerse ropa limpia los domingos. Las cosas discurrían así para los pobres de la montaña. «Aceptemos con gozo lo que nos da la Divina Providencia» —decía don Raimundo desde el púlpito—, «Dios es infinitamente justo y, en su reino, los últimos serán los primeros...»

El padre de Federico fue un hombre de ley. Nunca consintió que sus hijos le levantaran la voz. Pobres, pero honrados —dijo siempre—, y tan hondo debió calar la frase en la familia que, todos, a excepción de Federico, la cumplieron hasta la muerte.

—¿Cumplieron..., qué...?
—Ser pobres y honrados.

—¡Ah!

En la aldea de Castramón, de treinta y nueve habitantes, encaramada en lo alto del Puerto de Portales y rodeada de nieve durante ocho meses al año, poco se podía prosperar. Hacia el Este partía la carretera de Santijón, solo transitada por quienes tomaban el camino del camposanto. Los habitantes de Castramón padecían la maldición de Sísifo: subir el ganado al monte, recoger los haces de leña y ordeñar las vacas hasta hacerse viejos…

Federico, el pequeño de los cuatro, salió rebelde y flojo de remos, y con esos mimbres poco habría de durar en una casa donde todos tejían cestos de la mañana a la noche.

—«Padre, mañana me voy pa' Mailes. Me han dicho que hay mucho trabajo en la mina…»

—«¿Quién te contó esas tonterías, muchacho?».

Pero nunca el consejo del pobre, por bueno que sea, es admitido.

Federico se fue a Mailes, un paso tras otro, hablando para sus adentros cosas que no podían ser entendidas de cerca, cuanto más de lejos. Recorrió la aldea de punta a rabo. Llamó a todas las puertas para pedir trabajo y durmió en los soportales de la Iglesia. Durante tres días estiró el chusco con queso que llevaba en el zurrón, pero nadie le dio una oportunidad.

Avanzó en el mismo carruaje hasta Puebla de Sompor, a doce kilómetros de Mailes, donde obtuvo idéntico resultado. Siete días después de despedirse de sus padres entraba en la capital de Anthropos, sucio y transido, deslumbrado por la altura de sus edificios y aturdido por el bullicio. Malcomió, pasó algunas noches al sereno y lloró de nostalgia. Una mañana, mientras permanecía sentado en el suelo vio detenerse un camión cargado de sacos de grano hasta donde alcanzaba la vista. Bajó de la cabina un hombre fornido dispuesto a la descarga. El gigantón, viendo que Federico no le quitaba ojo, se encaró directamente con él:

—«¿Es que tengo monos en la cara…?», —le dijo con voz desentonada y bronca.

—«Disculpe…» —respondió azorado Federico—. «Nunca había visto un camión tan grande. Si quiere le echo una mano…, pa' lo que tengo que hacer…»

Así se convirtió Federico en descargador de sacos…

*Sepa vuestra merced que esto de azotarse un hombre a sangre fría es cosa recia, y más si caen los azotes sobre un cuerpo mal sustentado y peor comido.**

El muchacho se adaptó al trabajo duro. En pocos meses, con dinero en el bolsillo, probó las gambas a la plancha y el jamón de primera, frecuentó la calle Pertegaz, famosa por sus parrandas y fulanas y, al pasar las semanas, consiguió atender a dos novias, una de Mailes y otra de la capital de Anthropos, a las que visitó puntualmente sin que ninguna de ellas sospechara de la existencia de la otra.

Respondió bien a la independencia y sintió que había llegado a la cima del mundo. El trabajo, las juergas, el éxito con las mujeres y la buena comida le hicieron pensar que no había cosa en la vida por la que preocuparse.

Federico pasó cuatro años cargando sacos de cebada sobre sus espaldas. Un día, le propuso al patrón iniciarse en el noble arte de la conducción (con carné, que sin él ya lo hacía sin que nadie le hubiera puesto un reparo). Federico no tenía estudios y después de algunos traspiés consiguió aprobar dos exámenes, uno de vehículos turismos y otro para camiones de gran tonelaje.

Invirtió parte de sus ahorros en un descapotable de segunda mano que utilizó para pasear muchachas por las carreteras de las playas. Frecuentó tabernas, repitió chascarrillos y se convirtió en un tipo al que todos querían tener a su lado para divertirse. En la taberna *El Hórreo* hizo amistad con los conductores de vehículos oficiales del gobierno de Anthropos. Coincidía con ellos las noches de los sábados para hartarse de sidra y hablar de mujeres. A medida que avanzaba la fiesta algunos de los funcionarios corrían a los prostíbulos buscando compañía. Federico no se atrevió en un principio. Lastraba prejuicios que le impedían mercadear con el amor.

Aquellos hombres del gobierno, simples conductores, le imponían con su presencia. Hablaban de los políticos como si fueran gente normal y presumían de acompañarlos a fiestas y viajes. Federico se sentía pequeño mientras los escuchaba.

Rueda que rueda, después de algunas jaranas se sintió integrado en el grupo. Uno de los sábados, al terminar la tercera botella de sidra, cogió aires, se subió a una de las mesas de la taberna y cantó a pleno pulmón. Eran melodías de amores contrariados y letanías mil veces escuchadas a su madre durante la infancia, pero las entonó con tanta pasión y acierto que cautivó a los presentes. La taberna resultó ser un magnífico escenario para un público poco exigente. Al terminar una de las trovas, Telesforo García, con más retranca que conocimiento, recomendó a Federico dedicarse a la canción profesional. Todos refrendaron la apostilla para darle bola al protagonista, en esos momentos con evidentes signos de embriaguez.

—«Oye, Fede..., ¿por qué no te presentas a los exámenes de conductor oficial? ¡nosotros podríamos echarte una mano!...» —le dijeron un sábado de farra—.

—«Es que yo para estudiar no valgo. En las cosas prácticas no hay quien me eche la uña, pero con los libros me aturullo...» —respondió Federico muy sorprendido—.

—«No te preocupes..., las preguntas te las pasamos nosotros; tenemos acceso directo...»

Federico no era de amilanarse, pero la propuesta parecía una tomadura de pelo. ¿Aquellos señores del gobierno lo invitaban a participar en una oposición amañada y garantizaban las respuestas? Si era cierto podría convertirse de la noche a la mañana en funcionario y conductor de vehículos oficiales, ¡menudo chollo! Dejaría de cargar sacos por esas carreteras del demonio. Todo aquello olía a gato encerrado...

La amistad que se forja alrededor de una botella de sidra no tiene parangón con ningún otro vínculo humano y, seis meses después, Federico Cambril Pelicón, hercúleo descargador de sacos de trigo y cebada, natural de Castramón, pobre de solemnidad, se presentaba a la convocatoria de conductores del gobierno para responder, con pleno acierto, a las preguntas del cuestionario facilitado por sus amigos.

—¿Conductor, dice...? ¿Y llevará altos cargos en coches del gobierno?

—Altos y bajos..., pero antes deberá convertirse en un hombre de confianza. En los coches oficiales se cuentan muchos secretos.

—¡Qué sabemos acá...!

Federico comenzó impresionado. ¡Qué autos! ¡Vaya educación la de los hombres y mujeres del Estado! ¡Trajes, chaquetas, corbatas!..., todo por favor, siempre con palabras amables...Daba gusto estar cerca de ellos, aunque solo fuera por escuchar sus conversaciones...

Empezó conduciendo una berlina y viajó por Anthropos con inspectores de consumo, jefes de departamento y asesores. Comió de menú en restaurantes de medio pelo trasladando a técnicos hasta la capital para reuniones que parecían de importancia. Aprendió a mantenerse callado y hablar cuando le preguntaban. Sin hacer críticas, sencillo, cumplió con los pequeños favores personales que le pedían jefes y funcionarios. «Federico, por favor, ¿me deja en casa directamente?, vengo cansado, ¿sabe...? ¿Le importaría fichar en la oficina con mi tarjeta? A estas horas ya no hay nadie en el control...» «Por supuesto, don Eutimio, déjelo de mi cuenta», o: «Federico, si no le importa, antes de llevarme a la urbanización pasamos por el supermercado, que no tengo nada en la nevera. Le agradecería tanto que me ayudara a subir las bolsas..., estoy un poco mayor...». «Claro, doña Elena, no faltaría más...»

El conductor se ganó el aprecio y la confianza de todos y llegó a oídos de los jefes su virtuosa discreción. «Alejo, habla con ese conductor —le dijo una mañana el director general de Personal al jefe del servicio de Recursos Humanos—, me han dicho que es de fiar...»

Federico entendió pronto que no hay nada como ser amable y prudente («andar tierras y comunicar con gentes hace a los hombres discretos...»). Su padre le había dicho muchas veces que se cazaban más moscas con miel que con vinagre y ahora lo podía comprobar en carne propia. Si le tiraban de la lengua, no soltaba prenda; solo respondía: «no señor, yo de ese tema no puedo opinar, me basta con hacer bien mi trabajo», o bien: «lo que usted mande, don fulano..., ya me encargo yo...», seguido de un prolongado silencio. Cuando le preguntaban por su vida privada respondía con seriedad y dejaba claro que procedía de una familia humilde. Si acaso le insistían, hablaba del hambre que había pasado hasta encontrar su primer trabajo y los meses de sacrificio mientras estudiaba la oposición y trabajaba. Con estos y otros gestos estaba abonando el terreno para el ascenso.

Después de dos años en el cuerpo de conductores, a principios de otoño le asignaron un vehículo de alta gama, asientos de cuero, amplio espacio trasero y lunas tintadas. Conduciría para un solo hombre: el jefe regional de Obras Públicas y Urbanismo, don Nicomedes Plaza Romo, político de confianza del presidente y miembro de la ejecutiva del partido desde los veinticinco años.

Federico lo celebró con una juerga en *El Hórreo* donde bebió hasta las seis de la mañana y de cuya sala salió apuntalado por dos amigos.

El rodaje con don Nicomedes comenzó con trayectos sencillos por pueblos cercanos para asistir a reuniones con alcaldes y simpatizantes del partido. Le siguieron otros a la capital donde el jefe regional debía visitar a ministros y secretarios de Estado. Se habían convocado las municipales de mayo y la actividad era frenética. Los candidatos intentaban convencer a los despistados y reforzaban lazos con sus partidarios. A Federico le tocaron jornadas de espera sentado en el coche, sin nada que hacer, y viajes de madrugada para dejar a don Nicomedes en su casa, generalmente algo achispado. La vida en política tiene su trastienda. Además de los mítines y sus discursos falaces, los elegibles se prodigan durante la campaña en un sinvivir con alcaldes, senadores y personalidades locales que se ven traducidos en comidas, cenas, cócteles, ruedas de prensa y actos públicos. Es tiempo de siembra.

El trabajo de Federico era sencillo. Esperaba la llamada telefónica de don Nicomedes, aproximaba el coche al punto acordado y conducía hasta el destino. Al terminar la jornada regresaba al jefe regional a su domicilio, aunque algunos días lo dejaba en su segunda casa, la de una amante de veintiocho primaveras a la que visitaba dos veces por semana. Nunca chismorreaba sobre el lugar al que había viajado o hacia qué plaza iría al día siguiente. Federico conducía, escuchaba y obedecía. Si le preguntaban, respondía; si no, callaba como un muerto…

El jefe regional era un tipo elegante ¡menuda clase! Federico tomaba café con él cuando viajaban al ministerio para las reuniones de planificación. Nicomedes, astuto como un zorro, sabía que Federico no era tan tonto como quería aparentar y le ponía a prueba de vez en cuando:

—«Federico, ¿tú me podrías llevar el domingo a una montería?»

—«Por supuesto, don Nicomedes, faltaría más... ¿Dónde quiere que lo recoja?»

—«Bueno..., no iríamos solos, vendría también el director general de Infraestructuras y unas amigas..., ya te diré...»

—«Lo que usted mande, don Nicomedes...»

—«Saldríamos el sábado y regresaríamos el domingo. ¿No te estropearé el fin de semana?»

—«¡De ninguna manera, don Nicomedes..., no tenía nada que hacer...!»

Federico se presentó el sábado a las cuatro de la tarde en el lugar acordado y con el vehículo oficial recién limpio. Risas van, risas vienen, las dos parejas tomaron algunas copas de vodka por el camino. Al coche no le faltaba detalle: hasta un pequeño mini-bar para mantener las bebidas fresquitas. Una de las chicas sacó unos polvos del bolso y los esnifó de un tirón. Enseguida propuso participaciones para todos, que disfrutaron entre risas y sobeteos.

La cacería se desarrolló de acuerdo al protocolo: gente engolada luciendo sombreros con plumas, empresarios revoloteando alrededor del jefe regional para hacerse notar y hombres de campo, a distancia de la élite, sentados en el suelo, custodiando sus rehalas de perros.

Durante la contienda se abatieron trece ciervos. Mal día. Un jabalí descomunal se escapó por el desfiladero, nadie entendía cómo. Había pasado a pocos metros del jefe regional, pero don Nicomedes no le prestó demasiada atención, ocupado como estaba en otros asuntos, que su chica bien lo merecía. Al terminar la jornada se formó un corrillo alrededor de los políticos para comentar los pormenores de la montería y la situación política del país. Siempre lo mismo. La cuestión era demostrar qué gallo mantenía durante más tiempo la palabra ante los demás. Pasados unos minutos, el jefe provincial y el director general buscaron a Federico con la mirada como si fuera un salvavidas. Olían a monte, les dolía el cuerpo por la caminata, y las chicas les habían hecho trabajar más de lo previsto. Estaban deseando regresar.

Durante el viaje de vuelta los ocupantes se quedaron dormidos como troncos, con posturas de contorsionistas y tal que muertos. El bueno de Federico los fue dejando en sus respectivos domicilios uno tras otro.

—«¿Qué tal la montería, Nico?» —le preguntó su esposa al llegar—.

—«Regular, cariño —respondió el jefe provincial con cansancio—, la organización ha sido pésima y se nos ha escapado un jabalí por culpa de los batidores. Vengo molido. Me doy un baño y me acuesto, que mañana tengo un día de perros...»

Federico conduce el coche para todos los servicios públicos y privados que es requerido. No es un funcionario cualquiera; tiene acceso a una de las personas más influyentes de Anthropos y pasa muchas horas con él. Es razonable pensar que, bajo su opinión, alguien pudiera ser encumbrado o defenestrado, o incluso ser nombrado asesor. Todo ello, claro está, si don Nicomedes toma nota del sentir de Federico y hace la llamada a quien corresponda. Todos saben que el jefe provincial siente una gran simpatía por el conductor. El chico de origen humilde que comenzó como carguero es ahora un tipo de prestigio al que los peces gordos, incluidos los directores generales, tratan con delicadeza.

—Una de las lecciones que deberíamos aprender es saber quienes somos en realidad, sin valorar nuestro estatus social.

—Pero se interpone la vanidad...

Federico continúa frecuentando *El Hórreo* cuando el trabajo se lo permite. Agarra tremendas cogorzas y entona canciones delante de sus amigos con cualquier excusa, pero ni estando como una cuba se le suelta la lengua; en eso sigue igual que cuando salió de Castramón. De vez en cuando visita a la familia para llevarles quesos, botellas de sidra y embutidos, pero es un ir y venir, solo para recordar a qué lugar no quiere regresar nunca.

Así es la vida de nuestro conductor de primera, comiendo y bebiendo «de gorra» en restaurantes caros, cobrando dietas que hace y otras que no hace, paseando novias los fines de semana y esperando que las próximas elecciones no le cambien la rutina, porque, si así fuera, podría volver a ser un conductor ramplón. Llegado el caso, tendría que llevar en su coche a simples empleados públicos sin galones.

CAPÍTULO SEXTO

QUE ENSEÑA SOBRE LA VILEZA HUMANA Y DE CÓMO LLEGÓ CIPRIANO A RECTOR DE UNIVERSIDAD, CON MÁS ASTUCIA QUE MÉRITO

De los tratamientos oficiales que reciben los hombres de Anthropos el que más llama la atención es el de rector de universidad. «Su Majestad» resulta acertado para el rey, «Eminencia» con cardenales y «Padre» si la distinción se refiere a monjes o sacerdotes. Cuestionable es el «Ilustrísimo» de los directores generales, ya que en su genealogía no siempre rezan apellidos de alcurnia, pero se puede aceptar que pasan a ilustres con el nombramiento oficial y que saltarán a ilustrísimos al impartir la primera charla inaugural de un congreso.

Sin embargo, el título de «Rector Magnífico» es contrario a la lógica y tiene difícil encaje. ¿Por qué...? Porque no es de recibo que para designar al máximo mandatario de un campus se utilice un sustantivo rígido y longitudinal, superlativo de director, vinculado a una indiscutible equidad y que concentre sinónimos de excelente, admirable o espléndido que aún no merece.

—¿Te has pasado un poco...,¿no?
—Tú dirás...

La biografía de todos los rectores de Anthropos sería motivo de un aburrido relato, pero la de Cipriano Apuleyo Ufarte, por ruin, será contada en un breve apunte. Sin pretender ofender a nadie (salvo a Cipriano), al final del capítulo se podrá comprobar que lo de «Rector Magnífico» le encajaba «como un traje a un chimpancé».

Cipriano hizo la carrera de Ciencias Biológicas al alimón con Romualdo Peñafiel, amigo de la infancia, cómplice de amoríos y compañero de piso en la universidad. Todo lo hacían juntos. Cipri era histriónico y juerguista, siempre dispuesto a participar en comilonas y visitar pisos de chicas sin compromiso. Racaneaba en la limpieza y en las aportaciones dinerarias, mostraba poca predisposición a colaborar con los compañeros y, amparado en la resaca de los sábados, procuraba levantarse tarde para esquivar la compra común de la semana. Dejaba alto el listón cuando preparaba estofados de alubias y guisos de sancocho, y su capacidad para comer carecía de límites. En ocasiones se comportaba como un auténtico fanfarrón de provincias, como o cuando ingirió de una sentada doce huevos duros, un plato de paella, medio pollo asado y una pizza familiar para, acto seguido, participar en una media maratón que terminó sin signos de agotamiento y entre los diez primeros.

Cipriano Apuleyo era un zampabollos y un zángano, capaz de cualquier cosa para llamar la atención. De todos los compañeros de Facultad era quien menos acudía a las clases teóricas; prefería utilizar apuntes de otros y ahorrarse el esfuerzo de copiar al dictado. Sin embargo, no faltaba a las prácticas. Ante los profesores se mostraba dispuesto a limpiar y ordenar el laboratorio, ayudar en la intendencia o preparar dosieres para alumnos pero, una vez que los tutores abandonaban la sala, se transformaba en un ser abúlico y no movía un dedo. Los compañeros le apodaban *El Camaleón*, no solo por su capacidad para mimetizarse ante los jefes, sino porque tenía los ojos puestos en todo y parecía moverlos con total independencia. Quienes lo conocían bromeaban con la idea de que había sido codificado genéticamente para trabajar en la universidad.

—La estrategia de adular a los jefes siempre ha funcionado.

—Sí, pero no deja de sorprender; con lo listos que nos creemos...

Cipriano y Romualdo terminaron sus estudios a trancas y barrancas y consiguieron una plaza de profesor temporal en el departamento de microbiología. Para lograrlo, pisotearon los derechos de otros aspirantes que, según Cipri y Romu, no lo merecían. Recurrieron a las influencias del abuelo de Cipriano, alcalde de Anthropos durante cuarenta años al que todavía le quedaban favores por cobrar. La incorporación de los dos licenciados produjo una avalancha de quejas en el decanato de quienes se habían quedado a las puertas. Protestaban porque los incorporados carecían de los requisitos imprescindibles. Criticaban —desde la ignorancia, que es muy atrevida—, el sospechoso acierto de los dos aspirantes a las preguntas del cuestionario, como si los dos jóvenes no estuvieran sobradamente preparados para el reto que el destino les había puesto delante. Las reivindicaciones no prosperaron. Prensa y radio apoyaron la injusticia durante unos días y pusieron a los miembros del tribunal en una situación incómoda, pero Cipri y Romu consiguieron introducirse en la dinámica universitaria a la chita callando. Tenían el propósito de quedarse en ella para siempre. Si algunos compañeros consideraban que el proceso había sido una cacicada ¡ya se les pasaría! El tiempo todo lo cura. Pasada la tormenta, los dos amigos repetían entre carcajadas su lema de vida: «¡sin moral ni remordimientos..., esos son nuestros fundamentos!».

En los años siguientes, Cipriano y Romualdo hicieron los mismos méritos que cualquier becario: «por favor, Cipriano, quédese usted el sábado a vigilar las máquinas de incubación del laboratorio y limpie el material de los investigadores, y no se olvide llevar esos documentos al catedrático, que los espera en su casa...». La norma siempre ha sido la misma: mantener buena predisposición, no levantar la cresta, evitar las afiliaciones a sindicatos de izquierda y mostrar docilidad a los mandados. Mantenida en el tiempo, consigue el resultado buscado...(la plaza en propiedad).

Cipri y Romu eran ambiciosos, carecían de principios y estaban dispuestos a cumplir con el protocolo de genuflexiones que exige la disciplina universitaria. Después de dos años como profesores asociados obtuvieron la codiciada plaza de profesor titular.

—Un profesor de universidad debe tener alta la autoestima, ¿no?

—Será por los emolumentos.

—¿Emolumentos?

—Lo que cobran a fin de mes, además del sueldo básico. A saber, complemento especial, complemento de destino, retribuciones ligadas a proyectos de investigación, trienios, dietas, etc.

—¡Ah!

Para obtener la plaza, Cipri y Romu pasaron por el tribunal de oposición, honrado e inexpugnable, que dictamina por acuerdo de la mayoría y se encuentra formado por cinco miembros. De todos ellos, el departamento donde trabaja el aspirante elige a tres, insignificante matiz que ha permitido durante lustros obtener una plaza de por vida en la universidad si el catedrático del departamento avala al candidato.

El currículo del aspirante tiene una importancia relativa, y lo mismo las publicaciones en revistas con alto índice de impacto o los años dedicados a la docencia. Lo importante es no dar problemas, publicar artículos científicos para que todo el equipo departamental se beneficie, dar más horas que un sereno sin exigir compensaciones y mantener la sumisión en su punto justo. Si se cumple, el currículo llega rodado con la inercia universitaria, aprovechando las publicaciones de los otros compañeros, que incluirán al aspirante en las suyas aunque no sepa ni de qué tratan. Hoy por ti, mañana por mí…

Romualdo no era un santo. Siempre se arrimó a Cipri en busca de calor. Los años de convivencia y algunos de los éxitos conseguidos los habían convertido en una pareja bien compenetrada. Sin embargo, no trabajaban en equipo. En el departamento, cada cual obtenía la aceptación del catedrático, Saturio Ruiz, por distinta vía. Cipriano no dejaba de sorprender con sus aciertos orientados a ganarse la confianza de todos. En las reuniones inter-departamentales preparaba los detalles con pulcritud: documentación abundante, llamadas a cada integrante para explicar los objetivos, trato delicado con las damas y perfecto equilibrio entre humildad y eficacia ante los catedráticos. Cipriano hablaba si era necesario, poniendo cuidado en pasar con sutileza por los temas más espinosos. Como era quien recopilaba la información, se convertía en eje fundamental de las reuniones. Resolvía con imparcialidad y delicadeza.

Romualdo era más visceral. Un día crecía su consideración como investigador y al siguiente la perdía por tener la lengua demasiado suelta. Don Saturio confiaba en él, pero sabía que no podía dejarlo libre en la selva de las relaciones personales porque a la mínima liberaba sus pensamientos y rompía en pedazos el edificio de cristal construido por todos. En consecuencia, solo se le permitía asistir en solitario a las citas de poca importancia y cuando su presencia era necesaria en foros de más calado, acudía escoltado por don Saturio, que lo vigilaba como a un perro peligroso.

Una vez dentro de la estructura universitaria, Cipri y Romu comenzaron a mostrarse con afectación ante el resto de profesores. Tenían ante ellos un trampolín y Cipriano demostró ser un maestro del salto mortal con tirabuzón. Romualdo lo vio separarse de su estela y solo pudo admirarlo. Casi todas las capacidades vienen impuestas desde la cuna, pero Romualdo se resistió durante algún tiempo a quedarse rezagado e intentó emular a Cipriano. El resultado fue la pérdida en laberintos de los que no pudo salir…, o de los que lo hizo descalabrado. Solo consiguió ser tan hábil y taimado como su amigo por cortos espacios de tiempo, aunque las cosechas de uno y otro fueron radicalmente distintas.

Cipriano Apuleyo Ufarte se afilió al partido que gobernaba. Cuando tomó la decisión vivía con Romualdo, pero este no lo supo hasta que se conocieron las listas de los candidatos a rector de universidad.

«¿Te has unido a los que mandan, Cipri?» —le preguntó Romualdo sorprendido —.

«¡Por supuesto!» —respondió—. «Un hombre con ambiciones no puede estar en tierra de nadie, debe pertenecer a un clan; como independiente te las dan por todos lados…»

A las elecciones se presentaron cinco candidatos: el propio Cipriano, un catedrático de Derecho Administrativo, una profesora de la Facultad de Veterinaria y dos jefes del Departamento de Geografía. De estos últimos, uno destacaba por su pedantería y el otro parecía un *eccehomo*; enseguida se hundieron por sus atributos personales. Quedaban el leguleyo y la veterinaria. De los dos, quien gozaba de mayor predicamento era el catedrático. Según las normas universitarias, la suma de doctores y profesores titulares inclinaría el 55 % del escrutinio, un 25 % sería territorio de alumnos y personal administrativo y el 20 % restante lo decidirían profesores temporales de la universidad.

Cipri se había entregado durante meses al *establishment* y era buen conocedor del clima que generaba entre los catedráticos. Le faltaba el apoyo de los alumnos, un sector difícil de convencer con palabras. Necesitaba un golpe de efecto.

Durante los veinte días que duró la campaña electoral los adversarios de Cipriano llenaron la universidad con panfletos y celebraron mítines en claustros y jardines. El catedrático de Derecho parecía haberse formado en los mejores mentideros oficiales:

«Cambiaremos el sistema para baremar las prácticas» —aseguraba en su programa—, «...se constituirá una comisión para que los alumnos puedan valorarlas. Además, la frecuencia de los autobuses urbanos dentro del campus se duplicará a primera hora de la mañana para evitar los hacinamientos». En sus charlas hablaba de las reformas que convertirían la universidad en una referencia nacional y garantizaba una nueva norma para reclamar exámenes, según decía muy ventajosa con el alumnado... Era el aburrido discurso, siempre incumplido, de cada legislatura.

Cipriano buscaba algo más emocional. Quería una estrategia que le permitiera emerger como héroe y demostrar su implicación con los estudiantes. Hechos, no palabras. Y la suerte estuvo de su lado (la suerte forzada). El excelso profesor sabía que una agresión física a un alumno provocaría reacciones de repulsa generalizadas que, bien conducidas, podían beneficiar sus intereses. Se puso a trabajar sobre esta idea. Vestido como un hippie, con la camiseta raída y un viejo pantalón vaquero, caminó hasta el barrio arrabal de la Dolomita para contactar con un grupo de marginales. No le costó establecer conversación con ellos, pero sí que confiaran en un tipo extraño de palabras refinadas que olía a gendarme. Le ayudó su labia y la entrega a cuenta de seiscientos «mingotes», cifra nada despreciable para mercenarios de tan baja ralea. Prometió otros mil al finalizar el trabajo. El plan era sencillo: entrarían en el campus, golpearían a un grupo de chicos de la Facultad de Derecho y violarían a una alumna. Sería a última hora de la tarde, con poco público, para evitar que el ataque se viera truncado con una eventual ayuda de alumnos. Los agresores tenían que llegar en un vehículo robado y saldrían del coche armados con bates de béisbol.

La fechoría quedó organizada para el día del examen de Derecho Mercantil. Cipriano debía circular por la zona con su vehículo y llegar al lugar en el momento exacto para defender a la chica, pero una vez completada parte de la faena.

—¡Qué hijo de puta!

Llegado el día, los agresores cercaron a una pandilla de estudiantes que permanecían sentados en los jardines del campus. Discutían con pasión los detalles del examen y no vieron llegar a los mercenarios. Sin previo aviso, golpearon salvajemente a tres muchachos. Un cuarto se escapó a la carrera gritando auxilio. Comenzaban a forzar a una de las chicas, que pataleaba en el suelo con la ropa hecha jirones, cuando apareció Cipriano pletórico de energía, arremetiendo contra los agresores, lanzando puñetazos y patadas, encolerizado, surgido del infierno. Tumbó a dos de ellos y repartió golpes a otros tres, pero recibió una buena tunda (de baja intensidad) antes de que los maleantes se dieran a la fuga en el vehículo.

*Que nunca otra tal no habían visto, ni oído decir, en aquella tierra los que vivían ni los que habían muerto.**

El resultado fue el esperado. Al día siguiente no se hablaba de otra cosa en el campus. Cipriano triunfó en todos los estamentos de la Universidad. Desde el hospital elaboró una carta para el periódico donde enviaba sus condolencias a la chica y al resto de agredidos, pedía perdón por no haber podido hacer más, recapacitaba sobre la seguridad de los alumnos y llamaba a una gran manifestación contra la violencia que debía celebrarse dos días más tarde. Él acudiría, aunque tuviera que hacerlo en silla de ruedas.

El héroe caminó por las calles de la ciudad al frente de la marcha. Cojeaba ostensiblemente y mostraba un vendaje alrededor de su cabeza. Al llegar al lugar donde ocurrieron los hechos acaparó el megáfono, se le llenó la boca de peces y lanzó una emotiva arenga. Todos terminaron llorando, incluido Cipriano.

*Cada uno es como Dios le hizo, y aún peor muchas veces.**

Tres días después, Cipriano ganó las elecciones a rector universitario por mayoría absoluta y se mantuvo en el puesto durante tres legislaturas.

Después de su nombramiento supo generar confianza y simpatía, virtudes que le permitieron permanecer en el lupanar de la política universitaria fomentando intrigas. Romualdo, su amigo inseparable, intentó acercarse al rector para acaparar un trozo de la tarta ¡qué menos que vicerrector de alumnos!, se repetía cada noche. Pero siempre era despachado por Cipriano con diplomacia:

«¡Romualdo, tú no vales para esto..., eres demasiado bueno!» —le decía con una sonrisa—.

«Ya lo sé» —insistía—, «pero quiero que sepas que estoy a tu disposición....».

«El rectorado es un lodazal lleno de traidores» —proseguía el rector—, «me cambiaría ahora mismo por ti; no te imaginas la cantidad de canallas que me rodean...».

Hace tiempo que Romualdo no sabe nada del Rector Magnífico. La última vez que lo vio fue en televisión y tenía buen aspecto. Acompañaba a una delegación de alumnos en una ruta promocional por el Parque Nacional de las Tortugas. Vestía pantalones ajustados y zapatillas de *trekking*. Romualdo sabe que su amigo cobra nueve mil «mingotes» al mes y que en el sueldo no están incluidos los gastos de representación. También conoce que tiene una amante extranjera a la que visita periódicamente con cargo al presupuesto universitario. Cipri ya no se acuerda de él, pero Romualdo no olvida que, hace solo unos años, su amigo era un pájaro sin plumas, flacucho y esmirriado, que quitó la plaza al mejor expediente académico de la Facultad de Ciencias por las influencias de su abuelo. Ahora anda subido en el machito del poder y no mira hacia abajo ni para atarse los cordones de los zapatos.

—¿Pues sabes lo que te digo…?

—No.

—¡Que le den por el recto al Rector Magnífico!

CAPÍTULO SÉPTIMO

QUE TRATA DEL LICENCIADO GARCÍA Y LO QUE
LE SUCEDIÓ EN ESTRICTO CUMPLIMIENTO DE SUS
FUNCIONES

Las relaciones laborales entre funcionarios admiten varia-
das clasificaciones: de «confianza», de «desconfianza», de
«ni frío, ni calor», de «eres de los míos», de «no eres de los
míos», de «ahora te vas a enterar», de «di lo que quieras,
que ya haré yo lo que me dé la gana…», y de «no me fío
ni de tu sombra…, falso, que eres más falso que Judas…».

El listado puede ampliarse, pero no es el objetivo de
este capítulo…

Desconfianza es la falta de fe. Referido a un alto cargo
de la Administración Pública, supone que este no dará
crédito a lo que el funcionario diga o escriba. El superior
recela si tiene que firmar un documento elaborado por
un tipo del que no se fía porque podría estar redactado
con un contenido inexacto, tendencioso, o con erratas que
pongan en tela de juicio su capacidad. Cuando esto ocurre,
el responsable es quien firma, que será considerado como
un inútil porque confirma que no lee los documentos y
además los avala.

Jefes y «jefecillos» desean tener personas fiables a
su alrededor para estar seguros de que los errores, que
siempre los hay, no son intencionados. Lo contrario sería

meter el zorro dentro del gallinero. Como es sabido, los altos cargos son nombrados «a dedo», faltaría más, y eligen a sus secretarios/as y asesores con la misma fórmula. Una vez en sus poltronas, organizan las tareas del departamento. Los asuntos delicados son confiados a los más afines (por amistad o filiación política). En consecuencia, se margina a quienes gestionaban antes esa materia, que a partir de ese momento se encargan de trabajos inútiles o vacíos de contenido.

El jefe recién nombrado sospecha de todo y de todos. Antes de aterrizar en el departamento ya le informaron los del partido. Está advertido de que el terreno que pisa es un avispero. Los comentarios que le han llegado describen tres tipos de personajes: corruptos, caraduras y los que no hacen ni el huevo. Hay otros, los buenos..., pero de esos no le han dicho nada...

El «nuevo» anda con pies de plomo porque no quiere meterse en follones. Según le han contado, en el pasado ha habido muchos. Él viene a poner orden. Los aduladores profesionales, esa camarilla de correveidiles que cacarean a su alrededor con una sonrisa permanente, le insistirán con todo tipo de chismes. Solo pretenden ganar su confianza, continuar con los privilegios, persistir en sus chanchullos...

—¿Solo vamos a mirar la porquería que hay bajo la alfombra?

—Es que de los buenos no hay información, pero podemos pasar a otro capítulo...

—No, no, sigamos...

El jefe, que ha sido agraciado con la lotería del nombramiento, dirige un barco del que no sabe nada. Además, debe mostrar aplomo. Su inmediato superior espera cambios con respecto a la etapa precedente y no le queda más remedio que lanzarse a la búsqueda de colaboradores. Está perdido, no se fía, ve peligros en cada reunión, gesto, convocatoria o llamada telefónica. Siente que le han colocado una losa en la espalda. Debe sacar el trabajo adelante, pero le incomodan todos los documentos que le ponen a la firma y los retiene sin rubricar durante días porque no está seguro de sus consecuencias. Al poco tiempo comprende que la montaña seguirá creciendo si no hace algo, el tren no se detendrá. Además, ignora los temas. Pregunta mucho, hace poco, llama a los de su mismo rango para averiguar qué están haciendo ellos. Se da cuenta de que necesita delegar y distribuir el trabajo, pero no sabe cómo. Está sorprendido por la cantidad de temas que lleva su departamento; no tenía ni idea de que se gestionaran, autorizaran, denegaran o financiaran tantos asuntos. Hay mucha responsabilidad detrás de cada firma. ¡Vaya lío que tiene entre manos!

—Se le pasará el susto. En cuanto transcurran unos meses creerá que ha nacido sobre el sillón que ocupa.

Como en el departamento le hacen la ola, el novato opta por mantener las cosas como están durante un tiempo, a ver si entretanto se entera. Se encuentra rodeado por un ejército de zalameros y quienes más coba le dan son los que tienen algo que perder (siempre por debajo del escalafón, claro). El jefe va cayendo poco a poco en la telaraña y comienza a sentir los efectos morfínicos de la falsa lealtad. Estos guardianes del faraón abren sus carnes ofreciéndose al horario sin límites y a la disponibilidad absoluta; aprovecharán cualquier excusa para hablarle de los peligros que le acechan. Sin embargo, la verdadera confianza tardará en llegar. Los subordinados precisarán meses de empalagosa actuación hasta que el pipiolo les crea. Deberán compartir reuniones con él, defenderlo en distintos frentes, hablar bien de su persona cuando no esté presente, consultarle todo (aunque no tenga ni idea de las soluciones). Así, se forjará el clan de los elegidos, ese que dirigirá el departamento durante la legislatura. No obstante, los meses de tránsito hasta la confianza serán una etapa delicada para los mariachis. En ocasiones no superan la prueba y quedan marginados. Eso sí, quienes consiguen entrar en el grupo de élite, a saber, los mismos perros con distintos collares, volverán a trabajar a su estilo pasado un tiempo, sacándose la tajada a la que estaban acostumbrados...

Mientras el alto cargo permanece en su puesto de libre designación la vida parece una verde pradera, un sueño que parece no tener fin. Un día, sin saber cómo, se frustra con un cese o unas inoportunas elecciones, ¡vaya hombre…, justo cuando tenía listo un proyecto del que iban a comer todos! Pero mientras dura el idilio, sentirá que está contribuyendo, como nunca antes había ocurrido en la historia de la humanidad, a construir un Anthropos próspero y moderno.

—¿Y los jefes no se dan cuenta de la falsa lealtad?

—No. La vanidad es una droga adictiva. Cuando el poder se prolonga, los afectados viven como embrujados, convencidos de que son el centro del universo.

—¿Les ocurre a todos?

—Pocos se libran. Lo habitual es que el ex-alto cargo muera de viejo creyendo que es superior al resto de los mortales.

—¡Ay…!, las relaciones entre las personas…, ese enigma sin fin. De repente, después de años de amistad, fulano de tal se transforma en enemigo, a veces sin causa aparente, por un simple comentario.

—Siempre hay un detonante. Las cosas ocurren por algo.

—¡No creas…! Escucha la historia de Críspulo, a ver qué opinas…

Críspulo Aguirre Balcells era un hombre honesto de punta a rabo. Cumplió con su destino desde el nacimiento, que fue vaticinado por su madre para el 22 de abril de 1965 y ocurrió el día anunciado. Pasó una infancia feliz. En su juventud tuvo solo un amor. Cursó Derecho con las mejores notas de cada curso y a los veinticinco años ingresó en la Administración Pública tras superar las oposiciones de abogado del Estado. Como flamante funcionario se mantuvo veinte años contribuyendo con la sociedad, sin escatimar esfuerzos y fiel a sus principios. Críspulo tenía lo que deseaba, se sentía el hombre más afortunado del mundo.

Pero el destino pone a prueba a los hombres. Un día los jefes consideraron que Críspulo se había convertido en enemigo y le colgaron un sambenito. El abogado intentó con todas sus fuerzas cambiar el curso de los acontecimientos, pero no pudo enderezar lo que el diablo se había empeñado en torcer.

Críspulo Aguirre llevaba años acudiendo al trabajo a la hora exacta y haciendo lo que se esperaba de él, que no era ni mucho ni poco, sino lo correcto. Su tarea en el Ministerio del Campo consistía en abrir expedientes sancionadores a quienes no cumplían con la legalidad: particulares, empresas o instituciones que realizaban trabajos en las explotaciones agrícolas sin contar con las correspondientes autorizaciones administrativas. Actuaba cuando se las saltaban «a la torera», por aquello de que, una vez que tengo licencia para esto, hago también aquello otro, aunque la autorización no lo contemple. Críspulo daba cumplido trámite a las denuncias que pasaban por sus manos. Se recibían por docenas todos los meses, elaboradas por agentes de la naturaleza o gendarmes. Algunas mal redactadas, otras tendenciosas o iniciadas a instancias de algún técnico; las más, por incumplimiento de la normativa, pero todas respaldadas por agentes de la autoridad y, por tanto, susceptibles de sanción. En total, más de dos mil por campaña, con sus correspondientes notificaciones y pliegos de cargos, y cuyo despiste en los plazos podía significar la anulación del expediente. Pero no era el caso. Críspulo no cometía errores; más bien, al contrario, se excedía en su celo profesional y trataba, craso error, de igual modo al humilde propietario de una pequeña explotación de ovejas, que a un terrateniente de las vegas del Río Sandini, con su industria informatizada y los regadíos a pleno rendimiento. Ese fue el error de Críspulo: considerar que la justicia era igual para todos…

Críspulo Aguirre era licenciado en Derecho y sabía a qué se exponía con cada expediente. En ocasiones se enfrentaba con lo más granado del mundo empresarial. Los hombres de poder o dinero, a fin de cuentas la misma cosa, tenían acceso a los directores generales para contarles chascarrillos con la vehemencia adecuada, amedrentarlos con amenazas veladas, medias verdades, o para presionarlos con lo de los puestos de trabajo que se perderían si el expediente continuaba adelante. De una manera u otra, siempre terminaban utilizando el manido argumento de que mantenían el tejido empresarial de Anthropos porque arriesgaban su propio peculio.

—Su propio…, ¿qué?
—El dinero…, y el riesgo a perderlo si los negocios fracasan.
—¡Ah!

Críspulo no hacía caso a las intrigas fraguadas en los despachos de los altos cargos. Consideraba la política como un mal necesario y le bastaba con imaginar lo que se hablaba entre bambalinas. Con frecuencia recibía comentarios de su jefe: «¿cómo va el expediente de Sánchez Abisinio, Críspulo?, trátamelo con cariño, que es una inversión de seiscientos mil «mingotes» en modernización de empresas…, y a ver si hablamos de la sanción que le pondremos a la explotación *Los Merejiles*; el propietario es un magistrado…, te lo digo porque me ha comentado el director general que el otro día estuvo comiendo con él y bla, bla, bla...».

A Críspulo, con veinte años de funcionariado a sus espaldas, le resbalaban las insinuaciones. Cumplía con los trámites administrativos y aplicaba la normativa. Un expediente tras otro; a este, ciento cincuenta «mingotes» de multa y retirada de la certificación sanitaria; aquel otro, dos mil trescientos por reincidente, que estaba avisado del año anterior por verter alpechines al arroyo Ricomalillo, y al Alcalde de Torrejón de las Almadrabas, desistimiento de la solicitud por conceder licencias de construcción en una zona protegida.

— ¡Bien!

Aunque jugaba con fuego, Críspulo había salido siempre bien parado con su rectitud. Alardeaba ante los compañeros, orgulloso de los beneficios que reportaba la honestidad, convencido de que era el mejor edificio que podía construir un hombre a lo largo de su vida. Críspulo redactaba las resoluciones finales para pasarlas a la firma del director general y, a partir de ese momento, terminaba su cometido. El expedientado podía recurrir después en vía administrativa o, llegado el caso, ante lo contencioso en los tribunales. El funcionario sabía que, de ahí a que los poderosos abonaran la multa, había un abismo, pero no pretendía cambiar el mundo. La sanción final, competencia del director general, obedecía a órdenes políticas y, por tanto, los expedientes «especiales» se dejaban dormir en un cajón. Otros se tramitaban, sí, pero con opción de recurso de alzada, que era valorado por un técnico diferente a Críspulo, también designado por el director general. De esta manera, el resultado era siempre al gusto del político. Entre los altos cargos, la única ley que se cumple a rajatabla es la de hacer piña en torno al líder y obedecer sin rechistar…

—¿Vamos bien…?
—Pues sí, pero… ¿Qué le ocurrió a Críspulo?

Críspulo Aguirre se cruzó con Lucinio Cifuentes, hombre hecho a sí mismo, ganadero de profesión, mafioso de vocación y con muchos miles de «mingotes» en los bancos procedentes de la compra y venta de solares. Lucinio era senador a Cortes por el partido gobernante y capaz de hacer lo imposible cuando algo se le metía en el entrecejo. A Lucinio Cifuentes, Dios lo guarde muchos años, se le abrió un expediente sancionador por incumplir los requisitos de la eco-condicionalidad de la PAI.

—¿Qué…?
—La PAI (Política Agraria Internacional), que establece rígidas condiciones para recibir el PU, el Pago Unitario.
—¡Ah!

Críspulo abrió el expediente a Lucinio, cursó la notificación y esperó las alegaciones. Sin embargo, en lugar de recibir un documento con medias verdades y redactado por juristas al uso, se presentó en su despacho Lucinio, el mismísimo Lucinio. Con educación y palabrería le habló del funcionamiento del mundo, de los puestos de trabajo que generaban sus empresas, de las comilonas y días de caza que compartía con el excelentísimo señor ministro en las montañas de Anthropos. Le informó de la reunión que tendría lugar en los próximos días con el presidente para hablar del futuro del país. Críspulo escuchaba tranquilo y respondía con brevedad. Fintaba al morlaco. El funcionario mantuvo la compostura e intentó averiguar las intenciones del senador, pero sin abrir puertas a soluciones negociadas.

Lucinio intentaba el asalto a la fortaleza, pero después de algunos minutos empezó a perder la paciencia. Prolongó lo que pudo su sonrisa indolente y, en un último esfuerzo por granjearse la confianza de Críspulo, alabó la labor de los hombres honestos. De don Lucinio se podían decir muchas cosas, pero no había un hombre más educado en cien kilómetros a la redonda…

El funcionario continuaba inaccesible y el aguante de Lucinio llegó al límite. «¡Funcionarios de mierda, viven de nuestros impuestos y no merecen ni el agua que beben! ¡Vagos! ¡Inútiles! ¡Si yo mandara en este país no dejaba títere con cabeza!», —dijo a voces y saliendo del despacho como un búfalo en estampida—. Críspulo, sin alterarse, pensó que aquel señor que se alejaba merecía una enorme patada en el culo…

Lucinio se dirigió al gabinete del excelentísimo señor ministro, amigo de cacerías, comilonas y prostíbulos, donde fue recibido con los brazos abiertos. El alto cargo escuchó a Lucinio, que le contó lo sucedido con dotes teatrales y algunas mentiras entreveradas.

*Hallen en ti más compasión las lágrimas del pobre, pero no más justicia, que las informaciones del rico. Procura descubrir la verdad por entre las dádivas y promesas del rico como por entre los sollozos e importunidades del pobre.**

El empresario hizo hincapié en los puestos de trabajo que generaban sus empresas, le recordó las aventuras vividas entre los dos y añadió de su cosecha la soberbia con que había sido tratado por Críspulo, poniendo la guinda en un supuesto chantaje que le habría propuesto el funcionario para cobrar una comisión si el expediente se archivaba, maniobra canalla de don Lucinio que en realidad había ocurrido a la inversa, es decir, el terrateniente había ofrecido diez mil «mingotes» al funcionario y una amistad de por vida si el asunto se olvidaba con la debida discreción.

*Miente como muy gran bellaco.**

El ministro hizo reiterados gestos de desaprobación mientras lo escuchaba y fingió dar crédito a Lucinio. Prometió que los hechos no quedarían impunes. «En este ministerio —afirmó— las corruptelas se depuran inmediatamente».

Político y aprendiz de Corleone se despidieron con abrazos efusivos y el primero mandó llamar inmediatamente al director general, a quien exigió una solución inmediata. Una patata caliente, porque el director general sabía que la versión de don Lucinio era radicalmente falsa. La honradez de Críspulo estaba fuera de dudas. Sin embargo…, no le quedaba más remedio que revolcarse en el lodo si quería conservar su sillón.

El director general llamó a Críspulo y optó por la amabilidad:

—«Mire, Aguirre…, al señor ministro y a mí nos gustaría que tratara este tema con cariño…» —le dijo en tono confidencial—.

—«¡Claro, director!» —le respondió—. «Con profesionalidad estudio siempre los expedientes y aplico la normativa legal vigente en cada uno de ellos».

—«No me refiero a eso…, entiéndame…», —lo atajó contrariado—, «tenemos compromisos con la empresa privada… El tejido industrial de la región es una cuestión estratégica y no podremos desarrollarlo si continuamos siendo una reserva de indios. Otras regiones más flexibles se llevan las inversiones y es necesario cambiar esta dinámica si queremos ser competitivos. Seguro que usted sabrá solucionarlo y nosotros se lo agradeceremos de inmediato…».

Críspulo Aguirre Balcells había pasado por muchos momentos difíciles en sus veinte años de funcionario, pero nunca tuvo la soga tan cerca del cuello. Se sentía como un vómito.

—«Sí señor» —le respondió—, «las empresas deben prosperar y ganar dinero, estoy totalmente de acuerdo…, pero no sé por qué me dice esto a mí. Yo solo tramito expedientes sancionadores y carezco de competencias en materia de promoción empresarial. Creo que no soy la persona adecuada. Como usted sabe, las inspecciones a explotaciones se cursan en otros departamentos. No creo que le pueda ayudar, la verdad...».

—«Muchas gracias, Balcells, retírese, Balcells...» —le cortó tajante el director general—.

Tras la conversación, ministro y director general volvieron a reunirse:

—«¡Haz algo con ese tipo!» —gritó enfurecido el ministro—, «¡no vamos a consentir que un funcionario nos ponga en evidencia ante el Consejo! ¡Expediente disciplinario y le suspendes de empleo y sueldo durante tres meses!» —le ordenó al director general—. «Después, entrégale el expediente de Lucinio a Bonifacio Pedrún, que es de absoluta confianza... Aguirre nos llevará a los tribunales y el juzgado nos obligará a indemnizarle, pero paga la casa..., tiramos con pólvora del rey» —le dijo el gran alto cargo al pequeño alto cargo—.

—«¡Ponte con ello inmediatamente! Ya me encargo yo de hablar con Lucinio...»

—«Por supuesto, señor ministro...»

CAPÍTULO OCTAVO

DONDE SE TRATAN LOS FUNDAMENTOS
DE LOS EMPLEADOS PÚBLICOS

En todos los departamentos de Anthropos ondea la bandera del «estamos desbordados». Amelio Fringilio, que es funcionario de prisiones de reciente incorporación, se resiste a utilizar la expresión. De momento le indigna. Sin embargo, sus compañeros la emplean asiduamente. Amelio no sabe si para desahogarse o para evitar que los jefes les encomienden más tareas. A él, que viene de prepararse una oposición durante años y ha estudiado a razón de ocho horas diarias (incluidos los festivos), las jornadas en el Ministerio de la Judicatura le parecen un alivio. El nuevo funcionario piensa (desde que llegó el primer día) que sus compañeros trabajan menos de lo que cualquier persona consideraría decente...

Amelio Fringilio es un hombre honesto que no quiere dejarse llevar por los carcamales del departamento. Ha comprobado que elaboran informes de las cárceles de Anthropos sin verificar su estado, la calidad de vida de los presos les importa un rábano, se firman documentos que comprometen la vigencia de las penas y tramitan expedientes de traslado entre distintas cárceles sin consultar con los alcaides. Eso sí..., mantienen bien clavadas sus posaderas sobre los sillones durante toda la jornada...

Para Amelio, estar desbordado sería no abarcar la tarea encomendada y terminar con los ojos enrojecidos por la fatiga, sin apenas tiempo para conversar. Pero no es eso lo que ocurre. Ni de lejos. Por eso, cuando en las reuniones de trabajo escucha decir a los compañeros que «están desbordados», le hierve la sangre, es víctima de un extraño nerviosismo y piensa que los allí presentes no merecen la nómina que reciben. Amelio calla; si dijera lo que piensa quedaría marginado por los demás…

El nuevo funcionario no sabe (los años se lo enseñarán) que la frase caerá en su cesto como fruta madura. Cuando transcurra un tiempo la empleará de igual modo que los «buenos días», el «¿qué hora es?» cuando se aproximan las quince horas, o la llamada telefónica de casa al trabajo para decir al compañero: «…oye, dile al jefe que he pasado la noche vomitando y que hoy no iré a la oficina…».

El tiempo todo lo redondea… «Estamos desbordados» es una expresión de referencia en la Administración Pública que permite calibrar la experiencia de un funcionario. Sirve para averiguar si el trabajador es un «listillo» o un alma cándida. Amelio, a día de hoy, pertenece a la segunda categoría. La frase funciona como escudo protector para zafarse de las órdenes de un jefe cuando éste busca asignar nuevas tareas (por ejemplo, expedientes generados tras una convocatoria pública de subvenciones). Llegado el caso, Amelio Fringilio los asumirá, que para eso ha llegado dispuesto a construir una sociedad mejor…

Amelio se mantiene firme en su escritorio durante toda la jornada, pero le faltan algunos detalles por aprender. Maneja bien los aspectos de su especialidad, parece un buen profesional, aunque en astucia es un completo ignorante. Sus compañeros dicen estar desbordados, cuando hablan con los jefes muestran gestos de angustia, señalan las montañas de papeles sobre las mesas y tienen una expresión desoladora que, al parecer, solo puede solucionarse con aumentos de plantilla.

La expresión «estamos desbordados» apenas tiene historia, podría considerarse de nuevo acuño. Sin embargo, en la actualidad forma parte de los derechos fundamentales del empleado público y a nadie en su sano juicio se le ocurriría declararla proscrita o vergonzante. Si así ocurriera, una buena parte de las reuniones que se celebran en la Administración Pública estarían vacías de contenido, puesto que la mayor parte de ellas se convocan para dirimir quien llevará y de qué manera, ciertos asuntos del departamento que siempre andan demorados.

Es difícil que un superior asigne trabajo a un funcionario si este deambula por los despachos, como alma en pena, para quejarse de estar «hasta arriba». El jefe, que siempre cuenta con algún correveidile que le informa, no se le ocurrirá encomendar más tarea a ese trabajador porque, además de intolerable, resultaría imposible en tiempo y forma. «Hará falta más personal o una nueva redistribución del trabajo», —alega el indignado funcionario—, porque lo que no se puede hacer es cargar con más a quien ya anda saturado, máxime si hay algunos (y no miro a nadie), que destina las mañanas a tocarse las narices y a la charla insustancial...

Amelio no conoce las triquiñuelas. Se preocupa de los reclusos y sus penas, organiza talleres de ocio en los pabellones penitenciarios, viaja a las cárceles que tiene asignadas y busca encontrar la verdad dialogando con presos, médicos, asistentes sociales y gendarmes sin graduación. Al terminar las encuestas elabora un informe concienzudo que eleva a la superioridad. Amelio está seguro de que obtendrá recompensa en poco tiempo.

Mientras, sus compañeros de la dirección general de Penales, trabajan con otra dinámica: se defienden con ataques. Si un jefe convoca una reunión donde se pretende decidir quién llevará un determinado asunto, buscarán una excusa para no asistir. En caso de que por descuido o buena fe acuden, estarán perdidos; seguro que otro colega habrá trabajado previamente al superior y la suerte estará echada. El traidor habrá manifestado a escondidas sus agobios al director y el día de la reunión saldrá bien librado (o se pondrá enfermo), evitando malos rollos con los compañeros. Si estuviera presente, se podría sospechar que ha sido él quien ha urdido la red…

El momento de soltar la frase tiene su importancia. No es lo mismo hacerlo entre colegas del mismo rango que cuando un jefe pregunta: «¿qué tal, Honorato, cómo van las cosas?...». ¡Ahí es donde se debe echar el resto! En ese instante, Honorato, que lleva haciendo la misma tarea varios siglos, debe mostrar desazón y responder con un buen argumentario. En el caso de que el jefe (por puro azar) se encontrara verdaderamente interesado en la respuesta del trabajador, este le tendrá preparado un histórico de sucesos que avalen la dura situación por la que está pasando…

«Estamos desbordados» no es una expresión para usar con el compañero de despacho; él sabe perfectamente lo que se trabaja. En todo caso, y si fuera necesario articularla en su presencia, sería para hacerle ver al jefe que los dos están desbordados y que a otros trabajadores apenas se les encomienda tarea. El jefe, si peina canas, no tomará cartas en el asunto inmediatamente; las decisiones en Anthropos se destilan con lentitud y se encuentran cimentadas en ponderadas razones que solo los altos cargos son capaces de valorar...

Cuando la escenificación del funcionario es correcta, el objetivo siempre se consigue. Y si se repite con la debida frecuencia, cualquier actor, por mediocre que sea, consigue un trofeo.

Amelio Fringilio, a medida que adquiere experiencia, asume más responsabilidad. En las últimas semanas el director general de Penales le ha pedido que trabaje también por las tardes. Se trata de coordinar un proyecto para hacer una evaluación de todas las cárceles del país. El objetivo, ¡ojalá!, es equipararlas con las de otras naciones más desarrolladas. Básicamente, se analizarán indicadores como el número de médicos, enfermeros y gendarmes por recluso, y los costes anuales de cada penitenciaría en función de complejos parámetros. Para Amelio es un reto y una carga extra de trabajo, pero se siente orgulloso de colaborar con un asunto de tamaña importancia.

«Estamos desbordados» no es útil en las reuniones sin jefes a las que asisten compañeros del mismo rango; después de años de convivencia todos se conocen perfectamente. Sin embargo, consigue buenos rendimientos en el ámbito familiar. Al llegar a casa, es frecuente que al funcionario le pregunten por su trabajo, pudiendo responder con gestos de cansancio y algunos «estamos desbordados». Así conseguirá, casi sin esfuerzo, autorización para la siesta sin dar un palo al agua.

—Por lo que se ve, en la Administración Pública de Anthropos no se mueren por trabajar... «Estamos desbordados» se emplea como ariete o como escudo. Los nuevos funcionarios comienzan con ganas de asumir tareas, pero al pasar los años quedan desencantados y pasan al bando contrario, al de los escaqueados.

—Eso parece. Tardan más o menos, pero al final llegan al mismo puerto.

—¿Y se puede medir el grado de «desbordamiento» de un empleado público?

—Pues no lo sé...

Para valorar cuándo un trabajador de la Administración Pública se encuentra desbordado, es necesario observar su mesa de trabajo. Si lo está, los expedientes apenas se mueven de sitio, no disminuye el montón de la derecha ni el de la izquierda, aunque el teclado del ordenador no para ni un momento (para leer emails privados, consultar prensa, ver vídeos de YouTube, etc.). La tensión se hace tan insoportable para el abnegado trabajador que, con frecuencia, se levanta de la silla para ir al excusado, consultar con compañeros de otros departamentos o tomar cafés fuera del edificio. A veces solicita la baja laboral por ansiedad, pero esta audacia está reservada para los trabajadores de dilatada experiencia, puesto que que se adopta como respuesta a los muchos agravios y desconsideraciones recibidas a lo largo de los años…

El grado de «desbordamiento» es proporcional al rango; siempre mayor a medida que se desciende en el escalafón. Es lógico: quienes tienen personal a su cargo distribuyen la carga hacia abajo para no soportarla ellos mismos. A estos les basta con asistir a reuniones y supervisar informes, pero no se preocupan del tedioso proceso de elaboración, fotocopiado o archivo de documentos. El trabajador de rango intermedio pasa los años reivindicando aumentos de plantilla y le sobra tiempo para fomentar intrigas. Charla con sus homólogos en reuniones bizantinas sobre proyectos que alimentan el propio ego y cuyo único objetivo es llamar la atención de la superioridad. En ocasiones solo pretende mantener su estatus y utiliza la adulación permanente para conseguirlo.

Amelio Fringilio, desde que ingresó en el ministerio, entrega el cuerpo (y parte del alma) a la dirección general de Penales. Además de las horas que pasa en la oficina, se lleva tarea a su casa, y algunos días apaga el ordenador a las once de la noche. Los jefes confían en su capacidad y lo envían a reuniones internacionales para que defienda las posiciones oficiales de la dirección general. Amelio camina por los pasillos estirado como un gallo y disfruta mucho con su trabajo. Tiene la autoestima por las nubes, aunque ha descubierto que las dietas que le abonan por asistir a reuniones en el extranjero no las cobra solo él, que es quien las hace. El director general se las firma también a algunos de sus compañeros, los más viejos, sin que éstos hayan hecho durante años otro recorrido que el que va de sus casas a la oficina. El descubrimiento ha sido fortuito, gracias a una carpeta que le ha entregado el director general con documentos de su proyecto de evaluación de cárceles. Entre los papeles se han colado los recibís de esos funcionarios que cobran dietas sin viajar. Amelio no sale de su asombro, pero prefiere callar. Hace tiempo que espera un ascenso y no quiere que un mal comentario le reste posibilidades. Podrían pensar que carece de «cintura» para encajar las pequeñas y necesarias irregularidades que se cometen en la Administración Pública para que el gallinero esté tranquilo.

La expresión «estamos desbordados» no se utiliza de igual forma a medida que transcurren los años. A los recién llegados les genera rechazo, se niegan a emplearla, y cumplen con su responsabilidad sin excusas. Después, a medida que transcurre el tiempo, la integran en su rutina y comienzan a usarla de un modo inconsciente. Transcurre entonces una larga etapa en la que la frase se manosea con indiferencia (más o menos hasta los cincuenta y cinco años), a partir de cuyo momento se convierte en un despojo, una inutilidad. Es la etapa en la que ya no importa el escalafón, ni los jefes..., ni el trabajo ¿Para qué empeñarse en representar una obra de teatro que requiere esfuerzo? Sorprendentemente, en las oficinas de esos trabajadores de colmillo retorcido, se observan las mesas más limpias y ordenadas. Apenas hay expedientes sobre ellas porque sus ocupantes no se preocupan de cubrirlas con papeles históricos o inútiles que pretenden mostrar una actividad frenética. Por fin, después de treinta años de histrionismo, se conoce el trabajo que desarrollan...

*La verdad adelgaza y no quiebra, y siempre nada sobre la mentira como el aceite sobre el agua.**

Los sexagenarios mueven los documentos con rapidez, no los refrenan para darse importancia; al contrario, los envían al siguiente departamento a medio resolver, con defectos, por si así mismo pudieran valer. Los jefes no les asignan cometidos de responsabilidad y ellos pasan las mañanas de conversación en conversación, dando consejos a los jóvenes. Cuando se prevé una nueva tarea, el veterano actúa con astucia y le dice al jefe: «no puedo más, créame, estoy desbordado...», y dejará esa nebulosa en el aire como advertencia. Los superiores ya habrán intentado mil veces que se cumplan las órdenes, pero habrán desistido de Nicolás, el calvo con gafas situado al fondo del pasillo y fosilizado sobre su mesa de trabajo... Además, la solución adoptada resulta perfecta: el director encomendará la tarea a otro y Nicolás no se molestará un ápice; era lo que estaba buscando... Nicolás, cuyo nombre ha sido elegido al azar, como podía haberlo sido Ruperto o Amadora, ha pasado cien veces por esa situación y sabe que no merece la pena esforzarse. Después de años, tiene claro que cuanto más interés se tenga por un asunto, más intenso será el disgusto cuando el jefe se lo eche por tierra, y también que quien no hace ni el huevo vive como un rey y cobra lo mismo que quien se parte el lomo. Para qué, entonces, continuar con el cuento de «estamos desbordados», si ya no le hace ilusión aparentar ¡Que la utilicen los jóvenes, que son los que pretenden cambiar el mundo! Si quieren algo de él, que se lo digan..., ¡ya se zafará como pueda! ¡Estaríamos listos si a estas alturas le van a enseñar cómo hacer su trabajo!

—Es que no se trata de cómo hacer el trabajo, sino de cómo librarse de él.

—¡Lo mismo da...!

Nicolás (o Ruperto, o Amadora) piensan que si los jefes quieren hacer las cosas de otra forma, que se busquen a otro; y si los critican, que esperen sentados. En peores plazas han toreado y allí estarán todavía mucho tiempo para cabrear a quien intente molestarlos.

Esta mañana Amelio Fringilio tiene un disgusto mayúsculo. Después de trabajar sin descanso y cumpliendo a rajatabla con los deseos del director general, la ansiada plaza de jefe de área se la han concedido a Godofredo Vidal, el abogado más viejo del departamento, hombre holgazán donde los haya y tremendo chanchullero. Amelio sabe que ha sido Godofredo quien ha cobrado más dietas internacionales (e ilegales) durante estos años. Como está hundido y ya no tiene nada que perder, se ha dirigido como un toro bravo al despacho del director general para pedirle explicaciones. «Buenos días. Buenos días», —le ha respondido el siempre amable director general de Penales—.

—«Don Filiberto» —le ha dicho tímidamente Amelio—, «debo reconocerle mi sorpresa por el nombramiento de Godofredo Vidal. Todos sabemos que es un hombre que no asume sus tareas y que desde hace años cobra dietas sin salir del despacho. Usted me hizo pensar que confiaba en mí para ese puesto...»

Don Filiberto no levanta los ojos del ordenador. Arquea un poco las cejas y le responde cortante:

—«Desde mañana, Amelio, páseme a la firma una dieta internacional cada quince días, vaya o no vaya a las reuniones. Serán quinientos euros más al mes y le vendrán bien para su hipoteca. ¡Ah!..., y cierre la puerta al salir, por favor...»

—«Sí, don Filiberto, faltaría más...»

¿Estamos desbordados?..., ¡lo que estamos es «hasta los mismísimos» de aguantar a novatos!

CAPÍTULO NOVENO

QUE DA LECTURA A LO MUCHO QUE SE ESFORZÓ EL AVARO ULPIANO EN VIDA Y LO FÁCIL QUE LE RESULTÓ ENCONTRAR EL MÁS ALLÁ

En el Registro de la Propiedad número uno de Anthropos escriben al ordenador tres hombres y dos mujeres. Al fondo del pasillo, con la puerta siempre abierta, se sienta don Ulpiano Menéndez, registrador del distrito dieciocho, padre de siete hijos y propietario de seis millones de «mingotes» tras cuarenta años de avaricia. Dentro del departamento reina un silencio gris, solo interrumpido por el repiqueteo de los teclados. Los trabajadores introducen datos de lunes a viernes, un mes tras otro. De los hombres, Salustiano Mangas y Eutimio Ramonet son de incorporación reciente, solo cinco inviernos en la empresa. El tercero carece de nombre y llega puntualmente a las ocho de la mañana desde hace treinta años. Se dice pronto, pero no ha faltado ni un solo día desde que lo contrató don Ulpiano siendo apenas un chiquillo. Cuando los compañeros quieren comunicarse con él, lo llaman con un «¡disculpa...!», o un «¡perdona...!». Entonces el funcionario levanta la mirada sin mover un músculo. Luego hace caso, o no, según le convenga… El hombre sin nombre calla o murmura, pero siempre se las arregla para evitar la conversación. Si es el registrador quien le requiere, atiende sus instrucciones y responde con monosílabos. Después, sin prisas, transforma los mandados en documentos que redacta e imprime hasta encajarlos en su definitivo anaquel. Nadie le recuerda una broma o un mal gesto. Sus compañeros dicen de él que siempre fue viejo. A Salustiano Mangas le causó impresión al principio, tan concentrado, tan eficaz y discreto... Parecía el perfecto trabajador; pero pronto se cansó de su inefable silencio.

El hombre sin nombre rehúye los almuerzos con los compañeros y no se suma a las críticas contra el jefe. A fuerza de mantenerse inalterable se olvidan de que existe y algunos días no están seguros de que haya acudido al trabajo, aunque su cuerpo permanece cada mañana sobre la silla y los documentos salen elaborados de la impresora como salchichas de una carnicería. Damiana, la más espontánea de las chicas, hace tiempo que lo ignora. Habla con Genoveva como si estuvieran solas. Es cuestión de sensibilidad, pero al funcionario no parecen afectarle sus comentarios sobre hombres o las posturas que emplean cuando hacen el amor con sus maridos. El hombre sin nombre siempre está hundido en profundos pensamientos...

Viste todos los días la misma ropa. Hace años compró cinco pantalones iguales y otras tantas camisas para no tener que elegir por las mañanas. Acude limpio y planchado, pero con ese atuendo transmite un aire rancio, como de otra época. Tiene el pelo grasiento y lo peina con raya al medio. Calza zapatos muy gastados que cubre cada mañana con una gruesa capa de betún. Del respaldo de la silla cuelga una chaqueta gris, de paño en invierno, de loneta en verano, señal de su eterna presencia en la oficina. Cada dos horas descansa y cuando lo hace eleva la cabeza y bosteza. Luego estira mucho los brazos entrelazando los dedos con las palmas hacia fuera, como buscando sensaciones en el horizonte de la sala. Nunca sonríe, pero en esos momentos parece mostrar interés por lo que le rodea. Durante el almuerzo abre una bolsa de papel de la que extrae una naranja y un pedazo de pan candeal. Ingiere primero la fruta, después el pan a grandes bocados. Si se añusga, bebe agua de una botella de vidrio que trae de casa. El envase es de un litro; al parecer, la cantidad exacta que precisan sus riñones durante la jornada.

El registrador ha llegado esta mañana como un basilisco. Se trata del balance mensual. El beneficio neto de la empresa, una vez descontadas las nóminas y otros gastos, no alcanza los dieciséis mil «mingotes». La cosa no va bien, está claro; en enero veintidós mil, en febrero diecinueve mil y ahora tan solo dieciséis mil «mingotes». A este paso, cierra el ejercicio y ni doscientos mil le quedan limpios, ¡menudo año! Ahí están sus amigos Eleuterio Aréchiga, registrador en el norte de Anthropos, que no baja del medio millón por campaña, o Paulino Odilán, en la zona este, con meses de cien mil «mingotes» limpios de polvo y paja.

*Todos los vicios, Sancho, traen un no sé qué de deleite consigo: que el de la envidia no trae sino disgustos.**

El tiempo da dulces salidas a las dificultades. Con tan malos números, don Ulpiano baraja dos posibilidades: o sus trabajadores rinden más, o tendrá que reducir plantilla. Lo que no va a consentir es que las dos «listillas» de la oficina se pasen el día alcahueteando y le sangren todos los meses mil trescientos «mingotes» cada una. Podría prescindir del hombre sin nombre, pero con lo que llevan pasado juntos no tiene corazón para echarlo. Es cierto que en sus comienzos devoraba los documentos y que ahora nunca tiene prisa. A veces piensa que lo torea. Pero siempre ha sido fiel y servicial…, de eso no tiene duda. Además, tendría que pagarle la correspondiente indemnización; con el tiempo que lleva en la empresa sería el sueldo de veinticuatro meses...

«¡Déjalo, así, Ulpiano!, ¡aguanta!, no vaya a costar más el collar que el galgo»

Pero a Damiana sí que la va a poner «de patitas en la calle», tanto criticar, tanto criticar... Es viejo, pero no tonto... Don Ulpiano ha colocado una grabadora bajo la mesa de Damiana y ha averiguado lo que se habla en la oficina ¡Menudas lenguas tienen Damiana y Genoveva!, con lo modositas que parecían... Despellejan a todos, y él, claro está, se lleva la peor parte. Las dos están obsesionadas con el sexo. No es que a él le importe mucho, que ya es gallo viejo, pero no deja de sorprenderle; pensaba que eran de otra índole. Tal vez hace años las hubiera echado un tiento, pero ahora... ¿adónde va él?, si hasta los pies le duelen cuando camina... Don Ulpiano tiene claro que después de los cuarenta la verdadera cara está en la nuca, mirando desesperadamente hacia atrás... Además, no están las cosas para tonterías, que por un piropo te acusan de acoso sexual y llevas colgado el sambenito para los restos… ¡Quita, quita! A él lo que le importa es que el dinero ingrese a buen ritmo en el Registro de la Propiedad y que los documentos se elaboren rápido. El hombre sin nombre le ha ayudado a forjar un patrimonio y, aunque es un tipo raro, saca adelante su trabajo. Su esposa dice que está como estreñido. ¡A él qué más le da! Hace lo que debe y descansa poco, así que…, ¡miel sobre hojuelas! Si no se cambia de ropa, o no se relaciona con los demás ¡qué puede hacer él!, a ver si va a tener que responsabilizarse de los problemas psicológicos de sus empleados…

—No parece que el registrador esté preocupado por eso…

—Bueno…, los avaros también tienen su corazoncito.

El hombre sin nombre se aburre en vacaciones. El registrador le insiste que las solicite con suficiente antelación. No es que le importe el asunto; don Ulpiano estaría encantado de verle por la oficina todo el año, pero el Registro de la Propiedad ha sufrido varias inspecciones de trabajo, como si estuvieran buscando alguna irregularidad, y el registrador no quiere que «por un quítame allá esas pajas» le abran un expediente. Podrían imponerle una sanción, localizar la caja B o sacarle algún trapo sucio en los medios de comunicación.

—¡Dios no lo quiera!

Después de mucho insistir, el hombre sin nombre las pide en noviembre (como el año anterior). No le gustan los viajes, así que se queda en casa, que es donde menos se gasta. Los primeros días de descanso continúa despertándose a las siete de la mañana, pero en el ecuador del mes consigue tirarse de la cama a las nueve. En realidad, para nada; enseguida se le tuerce el gesto y anda malhumorado por la casa persiguiendo fantasmas. Tras el desayuno conecta la televisión y no la apaga hasta las once de la noche. La programación le ayuda a ahuyentar la soledad.

Después de la siesta sale a pasear. Empieza por la calle Margallo, avanza hasta la avenida de Calvo Sotelo y da la vuelta por el mercadillo de Santi Espíritu. Son, en total, cinco kilómetros. Durante el trayecto camina rápido, sin detenerse con nadie. Cuando vislumbra caras conocidas, baja la mirada, se desvía, o da un giro de ciento ochenta grados y regresa sobre sus pasos…

Al hombre sin nombre no se le conoce mujer. Como vive en el mismo piso desde hace treinta años, los vecinos aseguran que siempre ha estado solo. Sin embargo, la estanquera de la esquina afirma que de joven era alegre y conquistador, y que por su casa frecuentaban las damas.

—Tal vez esté despechado por un amor de juventud.

—Despechados quedamos todos con el primer golpe y luego salimos adelante, eso no son razones…

El hombre sin nombre lleva varios días de vacaciones y hoy quiere sacudirse el aburrimiento. Por enésima vez hojea el álbum de fotografías. Se detiene en la orla del instituto. Sonríe con las imágenes de sus antiguos compañeros hasta fijarse en Heliodoro Mendizábal, de quien guarda buenos recuerdos. De repente, se le ocurre la idea de contactar con él, averiguar qué ha sido de su vida. Quién sabe..., tal vez resida en otra ciudad, sea multimillonario o haya muerto en un accidente de aviación. Tras algunas llamadas lo encuentra en Anantara, su pueblo natal. Sus padres fallecieron y le han dejado la casa en herencia. Heliodoro trabaja desde hace veintidós años como conductor de autobuses en la compañía Remancar, haciendo la ruta Fontana-Romaria y espera jubilarse en seis meses. Se alegra mucho de saludarlo y le habla de Tasia, su esposa, fea como un demonio, pero que según dice lo ha convertido en el hombre más feliz del mundo. A los dos amigos les ha reconfortado la conversación y se han vuelto a reír con lo del profesor de historia, *El Ronquillo*, que enseñaba su asignatura entre los golpes de tos que producía la tiza pulverizada de Filiberto Sainz, el alumno más gamberro de la clase. La charla ha durado media hora y al hombre sin nombre las emociones de antaño le han dejado un regusto sabroso que ha querido disfrutar en silencio y con la televisión apagada. Animado por la experiencia, ha pensado repetirla al día siguiente con otro compañero, Celestino Trifade; a ver si así consigue que las semanas se pasen rápido...

Por la mañana sale nublado y llueve a intervalos. Sopla el viento una barbaridad. Hace frío. Bajo esas condiciones, ni le apetece salir a la calle, ni llamar a nadie. Lo dejará para otra ocasión. Total..., para lo que va a conseguir...

El hombre sin nombre sale cada mañana al kiosco de la esquina para comprar *El Diario Matinal*. La prensa le mantiene al corriente de lo que ocurre en su ciudad. Le gusta centrarse en las páginas de sucesos. Lee siempre los editoriales, sobre todo si están firmados por periodistas de prestigio. Desde hace algunos años se fija en las esquelas, tal vez porque busca conocidos. Pero esta mañana se ha quedado petrificado con el obituario situado a pie de página: don Ulpiano Menéndez, su jefe durante treinta años, ha fallecido de un infarto. Según explica la nota, los empleados lo han encontrado muerto en el despacho.

El hombre sin nombre ha llamado enseguida a la oficina y Damiana le ha informado que fue ella quien lo descubrió. Al parecer estaba sentado en su sillón, con la cabeza y los brazos recostados sobre la mesa, como si estuviera dormido. Damiana le ha comentado que había facturas, libros de cuentas y extractos bancarios desparramados por toda la habitación, y que tuvo que pedir ayuda a Genoveva para abrirle la mano derecha, donde guardaba, como si fuera un tesoro, una pequeña grabadora.

Don Ulpiano se dejó morir, sin más ni más, sin que nadie lo matara ni otras manos lo acabaran que las de la melancolía. Don Ulpiano era un pobre con dinero.

Dios lo guarde en su gloria…

CAPÍTULO DÉCIMO

En la familia Carneril todo estaba planificado, hasta la muerte. Don Euclides Carneril y Lucientes, rico de cuna, solo necesitó continuar la obra de su abuelo Anacleto para hacerse multimillonario. El abuelo dedicó la vida a importar trigo y maíz para venderlo en Anthropos al triple de su precio de origen. Don Euclides creció rodeado de institutrices, mayordomos y sirvientas y desde la juventud participó en el negocio familiar, que parecía multiplicarse bendecido por los dioses. Su padre, entregado a los placeres del mundo, rápido con la cartera y fornicador entusiasta, cedió pronto el liderazgo de la empresa al joven Euclides que, lejos de arrugarse, continuó con la compra de cereales a precios competitivos y amplió flota en todos los océanos. Don Euclides, asesorado por ingenieros financieros, invirtió una parte de los beneficios en fondos inmobiliarios con tan buenos resultados que, a los cuarenta y cinco años, contaba ya con una fortuna de seiscientos ochenta millones de «mingotes».

Don Euclides contrajo matrimonio con la hija de un diplomático. De la acertada unión nacieron seis hijos, tres de ellos varones. Todos crecieron con la certidumbre de que, por mucho que gastaran, la vida no les daría para fulminar el patrimonio del padre. Los chicos dedicaron su tiempo a las relaciones humanas, la música, el arte y los deportes de lujo. Con tan buenos fundamentos, siempre consideraron de mal gusto hablar de las miserias humanas o el coste de las cosas y centraron las tertulias, al calor del buen güisqui, en comentarios sobre empresas extranjeras, países exóticos, linajes de familias ilustres o intimidades de personajes famosos. Todos los hermanos vivieron envueltos en esa atmósfera lánguida de quien no ha tenido que pelearse con la vida y esconde sus intenciones bajo una máscara de amabilidad.

En ese ambiente aristócrata creció Soraya Carneril López de Hoyos, la hija mayor de don Euclides.

Soraya nació con el pelo rubio y los ojos azul turquesa. Frecuentó ambientes distinguidos, cócteles, fiestas en chalés de lujo y raid a caballo por grandes fincas. Pasó la adolescencia rodeada de amigas de su condición, dividiendo las vacaciones entre islas exóticas y capitales de países ricos. En todo momento dispuesta a una conversación sobre decoración, actores famosos o grandes ciudades, nunca se la vio perder la compostura. Era una auténtica Carneril. Alegre, elegante, cascabel de la casa, fue una hija perfecta. Al margen del currículo académico, recibió una cumplida formación en música y pintura. Vivió feliz durante la infancia, protegida de peligros. Soraya, ajena al mundo, jamás se le ocurrió pensar que, más allá de su reducida frontera, pudiera existir el sufrimiento o la miseria. Montaba a caballo como una amazona, aunque nunca sintió verdadero interés por este deporte. Sus amigas acudían los viernes al club hípico para recibir clases de doma y permanecían después en la cafetería charloteando, así que aceptó la rutina para disfrutar del único día que podía salir de casa sin custodia.

En la universidad, Soraya fue la alumna preferida del profesor de Derecho Mercantil dentro del campus más caro de Anthropos. En ello influyó el decano de la Facultad, que recibió algunas llamadas de don Euclides y donativos de considerable importe para que su hija estuviera bien atendida. En la Residencia femenina María de la Purificación se la vigiló como una princesa con horarios de monja de clausura. Pero Soraya no era una pazguata. Con diecinueve años, al poco de ingresar en la Facultad, ya había morreado con lo más granado de los alumnos de segundo curso; eso sí, con acceso vedado a ciertas regiones de su anatomía virginal. Una mujer con clase siempre sabe cómo pararle los pies a un galán en celo...

Soraya fue discreta y, que se sepa, nunca consintió que los chicos tomaran más confianzas que las marcadas por la decencia. Con remilgos fingidos y algunos manotazos concedía licencias en el interior de los coches o en la oscuridad de los jardines, pero, de ahí a lo otro..., un abismo...

La muchacha lo pasó en grande. Participó en fiestas a las que acudían chicos de postín, bebió vermut, champán, vistió de gala, de sport, de casual y de informal, pero sabiendo quién era. No la habían educado sus padres para manchar el apellido por un calentón, como un animal de la selva. ¡Menuda era Soraya Carneril López de Hoyos! Alta, con curvas..., la chica más elegante de la Facultad.

Todos la auguraban el mejor futuro. Era la hija de don Euclides Carneril y el cielo se abriría bajo sus pies si su padre lo quería.

En junio del quinto año finalizó los estudios. Al regresar a casa su madre habló con ella. Le habían llegado rumores de aventuras, desapariciones nocturnas y otras conductas reprobables. Con demasiada frecuencia se la había visto amarrada a compañías masculinas...

«Todo eso se ha terminado» —dijo con severidad—. «A partir de ahora corrección absoluta y decoro, que un mal rumor te estropea el futuro. Los hombres son unos inocentes, pero tienen los oídos puestos en todo y rechazan a la mujer más bella si sospechan que ha sido ligera de cascos, por mucho que llore sobre sus hombros». «Sí, mamá, no te preocupes...,» —respondió Soraya—.

Soraya lo ha pasado bien en la universidad, «super-bién» dice ella, y ha preservado su cofre más valioso para el príncipe que la espera. El príncipe se va a conocer pronto, porque los padres están sopesando a qué familia debe pertenecer. No exactamente con quién, que menudo carácter tiene la muchacha, como para imponerle una cosa así, pero propiciarán los encuentros con la persona adecuada, y si después el joven no cumple con el perfil, ahí estarán para malograr el acercamiento. En la familia de Soraya las cosas se hacen bien, ya ha quedado dicho, y los hechos lo demuestran: planifican, consultan, pagan asesores, ejecutan con prudencia y ponen los medios necesarios, cueste lo que cueste. Siendo el matrimonio un tema de vital importancia para la familia, no lo van a dejar al azar. ¡Estaría bueno!

Uno de los candidatos a marido es el hijo de don Eutimio Rodríguez de Ledesma, vicepresidente primero del Consejo General de la Judicatura, residente en la misma urbanización que Soraya, a quien los padres conocen desde hace años. A don Euclides le han dicho que el chaval no tiene aspiraciones, que se pasa la vida viajando por el mundo en busca del nirvana a costa de la fortuna familiar.

—¡Uff!, pues ese no...

Otro aspirante es un hijo del Duque de Santurjo, un pimpollo de sangre azul que podría encajar. Ha cursado una doble licenciatura en el norte de Anthropos y don Euclides (y señora) congenian «divino» con los padres. Coincidieron con ellos en el Hotel Palatino hace unas semanas. El jovencito es abogado, como nuestra protagonista, y tiene ambiciones políticas, que es lo que interesa. Lo que no va a hacer Soraya es entregarse a un hombre solo porque su familia tenga posibles ¡hasta ahí podíamos llegar!

El muchacho se llama Luciano Abati López-Urquijo, apuesto, simpático..., educadísimo. La pareja es presentada en una fiesta que organiza la madre de Soraya en el club de golf y desde el primer momento congenian ¡Qué alegría! ¡Menos mal, porque no creas que a Soraya le vale cualquiera!

—Que no se diga más..., a concretar la fecha de la boda.

—No tan deprisa. Don Euclides debe investigar el patrimonio de los padres para evitar un patinazo. En Anthropos hay mucho aristócrata que vive del artificio y lo único que tiene son deudas.

—¡Cuánto requisito...!

En el entorno de Luciano saben que el chico hará carrera política. Ha obtenido buenas calificaciones en la universidad y el partido gobernante quiere catapultarlo. Esperarán un tiempo para que no critiquen su juventud, pero ya han dado instrucciones desde la ejecutiva: «que se foguee un par de años como asesor dentro de la organización y conozca los entresijos del "aparato"; así adaptará el estómago a las digestiones pesadas». Una vez comprobada su fidelidad, se le entregará un pedazo de la tarta. De eso se encargarán manos invisibles..., los peces gordos del partido.

—¡Pues a mí me parece bien que quien tenga talento ocupe puestos de responsabilidad!

El mérito que tiene Luciano es ser hijo de su padre. Pertenece a la aristocracia y desde niño abusa de ese estatus. Le ha servido para conseguir notas brillantes, pero los profesores dicen que es un gamberro malcriado.

Don Luciano Abati López-Urquijo ocupa cargos de medio pelo durante una temporada y es propuesto a los treinta y dos años como secretario de Estado del Ministerio de Asuntos Internacionales. No está mal; once mil netos al mes, dietas de doscientos ochenta «mingotes» cada día cuando viaja al extranjero, y mucha capacidad de maniobra para estrechar lazos con empresas.

Luciano quiere aprovechar el momento. La vida del alto cargo es poderosa y efímera, pero sobre todo efímera... El trono no durará..., es demasiado goloso, así que habrá que trabajar rápido para conocer personajes y abrirse al mercado.

Soraya no está dispuesta a quedarse en casa esperando a su «maridito». Tiene aspiraciones..., para eso ha estudiado una carrera. Se lo ha repetido varias veces a su esposo y empieza a impacientarse: «búscame un puesto, Luciano, da igual la dirección general, pero ya, por favor... Estoy siendo el hazmerreír de mis amigas, que están colocadas en los ministerios desde hace meses...».

—¡Camarerooo...! ¡Marchando una de alto cargo...!

A los tres días nombran a Soraya, *la Bella*, subdirectora general de Ocio y Turismo. El puesto ha quedado vacante después de cesar a su antecesor por hacer declaraciones en los medios de comunicación sin permiso del gabinete de prensa. ¡Imagínate...!

El susodicho ya estaba advertido: «el único que puede hablar ante los medios es el ministro». ¡Qué poca cabeza!, el subdirector general, un personaje decorativo y prescindible...

El partido gobernante, después de llegar al poder, dispone de cientos de puestos de trabajo de libre designación para colocar a los suyos. Esos puestos son para los que han ayudado a ganar las elecciones, asfixiando a los enemigos del bando contrario. Es momento de devolver favores con nombramientos que llevan aparejados magníficas nóminas. Ahora no van a tirar piedras contra su tejado eliminando las plazas. Cuando estaban en la oposición exigían que desaparecieran, pero en este momento poco importa si esos puestos son necesarios o no. Lo perentorio es recompensar a las personas que se lo merecen. Además, hay que desbancar a los inútiles que las ocupaban...

La llegada al poder tiene una parte de venganza, de instinto atávico: son historias tribales de vencedores y vencidos.

Soraya ingresa en el ministerio con muchas ganas, «ilu», dice ella. Ha leído en revistas que los turoperadores extranjeros buscan abrirse al mercado nacional. Ella, que es internacional de todas, todas, quiere hacer contactos. Viaja por distintas capitales del mundo, acude a ferias, se entrevista con los empresarios del sector y entra de cabeza en el pantanal de la Administración Pública. El idioma no es un problema; ha pasado muchos veranos en el extranjero y lo maneja perfectamente. Tiene amigas en varios países y al llegar a las ciudades queda con ellas para salir de compras. Le encantan los bulevares y las *boutiques*...

El director general de Turismo y Representaciones, que se subía por las paredes cuando el ministro le informó que nombrarían a Soraya subdirectora general, la deja hacer; no quiere complicaciones con la esposa de un secretario de estado. Pero no hace caso de sus propuestas, porque Soraya pinta en la subdirección general de Ocio y Turismo lo que un tonto motivado. A veces se le escora el ánimo; desconoce por qué sus iniciativas no encajan. Pero luego se le pasa; Soraya no tiene la bilis rencorosa.

La subdirectora intenta impulsar la imagen de los parques nacionales de Anthropos; «son el buque insignia del turismo» —dice en los foros a los que acude—, «y los empresarios no invertirán en ellos si no se mejora la red de alojamientos rurales» —comenta cuando algún despistado le pregunta—.

Soraya es partidaria de cesar a los actuales directores de parques nacionales y nombrar a otros más afines al partido, es decir, propone apartar a esos ecologistas radicales cuya gestión ha consistido hasta ahora en poner zancadillas al desarrollo. «Los animales siempre han estado en los espacios protegidos y las visitas a sus áreas de reproducción nunca han sido un problema» —le comenta al director general—. «Los técnicos que he consultado —continúa diciendo Soraya— me han informado que las prohibiciones carecen de fundamento; se han mantenido durante años porque los ecologistas no han comprendido nunca qué significa una gestión eco-compatible.» Al pronunciar la palabra «eco-compatible» ha forzado una parada para comprobar su efecto en el director general; ella sabe que es palabra de mucho mérito y no está dispuesta a que pase desapercibida. La aprendió en una feria ornitológica. Soraya considera que es muy acertada para los tiempos que corren... El director finge escucharla, pero está esperando la llamada de su secretaria, que debe darle noticias del ministro para subir a su despacho. La urgencia no es tal: se trata de un acuerdo entre su secretaria y él para quitarse de en medio a Soraya pasado un tiempo, que a la subdirectora no hay quien la aguante cuando coge carrete.

A Soraya le importa un bledo si sus gestiones dan frutos o no. Ella hace lo que puede. Además, viaja, que tampoco está mal. Ya les gustaría a muchos...

Lo que piensa Soraya es que, mientras pueda acudir a ferias y sean compatibles con las compras y los restaurantes de lujo, bienvenido sea el trabajo en la subdirección general.

En las reuniones que se celebran en el ministerio la subdirectora se encuentra perdida. Los profesionales que las organizan tienen mucho bagaje, pero poco glamur ¡qué tristeza! Cuando Soraya habla con sus amigas de la urbanización les dice que trabaja con una pandilla de aburridos. Como no puede contribuir con ideas, aporta internacionalidad y alegría; gasta bromas, habla de grandes ciudades del mundo, o alardea de contactos con famosos. Todos la tratan con amabilidad y sonrisas, pero sus opiniones suelen caer en el cesto de la basura. A efectos prácticos, es una figura decorativa: distinguida, elegante, extemporánea, omnipresente en todos los actos de inauguración y clausura que promueve la dirección general de Turismo y Representaciones.

—No está mal..., sin responsabilidad, pero cobrando...

A Soraya, el trabajo la permite salir de la monotonía. Cuando acude a los congresos se aburre y enseguida sale a la cafetería porque las conferencias solo tratan de cifras y tecnicismos. Tiene varios funcionarios a su cargo; unos llevan costa y aguas continentales, otros paisajes de montaña, pero el grueso se ocupa de apoyar a las pymes del sector. A dos de las chicas que se encargan de internacional no las aguanta. Le ha pedido varias veces al director general que las traslade a otro departamento porque no le gusta el tono que emplean con ella. ¡Estaríamos buenos si unas simples técnicos la van a torear! El director escucha las quejas de la subdirectora como quien oye llover. Soraya, mientras se hace la manicura en el despacho, ha pensado que esperará una semana más, y si el director general no toma medidas, se lo dirá a su marido, que como secretario de Estado solucionará las cosas «de otra manera». Lo que no va a consentir es que se rían de ella unas «rojillas de mierda».

Las funcionarias cumplen con su obligación: completan informes, revisan expedientes, organizan reuniones dentro del ministerio... Conocen su oficio. Llevan doce años en la dirección general de Turismo y Representaciones y llegaron a la Administración Pública por vocación. Eran ornitólogas de las que trepaban por el monte identificando pajarillos, pernoctaban en los páramos para escuchar los aullidos del lobo y hacían el amor a la luz de las estrellas. Las chicas consideran que tienen currículo de sobra y que la subdirectora es una auténtica analfabeta con los temas del departamento, así que no se callan ni debajo del agua. Se ha producido un choque de trenes...

—Tal vez con el tiempo se entiendan.
—Como el agua con el aceite.

La subdirectora marcha bien; sale del ministerio sin dar explicaciones, acude a eventos, y recibe a los jefecillos de las Administraciones regionales que todavía no se han enterado que es una figura decorativa.

Discurren los años cobrando del erario público. Un sueldecillo de tres mil ochocientos «mingotes» al mes. No es para volverse loca, dice Soraya a sus amigas, pero antes que estar en casa sin hacer nada..., por lo menos se distrae. Enseguida llegan los fines de semana, que es cuando va con su marido a la finca de don Euclides para la comida dominical.

De las estúpidas biólogas..., nada de nada, como si lo de ser funcionarias fuese un inconveniente para enviarlas a las Quimbambas.

«¡Ay, papá!, —le dice a su padre durante la sobremesa— ¡ya no hay hombres como los de antes...!»

CAPÍTULO UNDÉCIMO

EN EL QUE SE RELATA CÓMO DON SEGISMUNDO
OBTUVO SU ÍNSULA BARATARIA Y EL DAÑO QUE LE
CAUSÓ LA DEMOCRACIA

Segismundo Abrune Tarascón estudió en la Escuela de Ingenieros de Anthropos, donde los grandes. Su padre también fue del mismo gremio, como el abuelo y el bisabuelo. Los años en la universidad se prolongaron porque al muchacho no le alcanzaba el tiempo para entregarse a los libros. Gastaba los días en parrandas nocturnas y borracheras. Sin embargo, al llegar al sexto curso, contrajo la enfermedad del hombre adulto y pasó de juerguista a circunspecto, comprometiéndose en nupcias con Nemesia del Carpio-Meléndez, hija única y deslucida de unos hacendados terratenientes.

Al terminar la carrera regresó a casa con aires de grandeza. Para agradar al padre adoptó un aire fingido, cuajado de ecos, que ya no supo abandonar el resto de su vida. La familia comenzaba a cosechar los frutos de una educación recibida en los mejores colegios de Anthropos. Enseguida, el novel ingeniero dejó los bares de copas y se apartó de los amigos de la juventud. Evitó las salidas nocturnas, procuró seriedad a sus gestos y olvidó reír con el corazón. Con el pasar de los meses anunció su boda. Sería en la catedral ¡por supuesto! y un banquete en el mejor hotel de la ciudad.

Aleccionado por su padre, por entonces Director Territorial de Infraestructuras en la Región, cultivó amistades por interés. Sin saber cómo, ingresó en la Administración Pública como funcionario interino. La noticia levantó polémica en los periódicos locales ante la sorpresa de haber conseguido la mejor nota de todos los aspirantes. Pero la escaramuza duró solo unos días. Pronto los diarios dejaron de insistir en la aparente irregularidad del proceso y nadie volvió a criticar si el vástago podría haber conseguido las preguntas de un modo extraoficial. Es ley principal de los hombres levantar falsos testimonios y desconfiar de quienes prosperan en la vida. Ya es sabido que la envidia convierte en diablos a los hombres buenos…

*¡Oh envidia, raíz de infinitos males y carcoma de las virtudes!**

Honorato Peláez de la Inclusa, ingeniero de estirpe y enemigo de la familia Abrune, interpuso recurso contencioso-administrativo en los tribunales con el argumento de que el padre de Segismundo había designado a los miembros del tribunal en el proceso selectivo del hijo, como si ese insignificante matiz pudiera empañar un proceso transparente como el agua clara. Los tribunales, es sabido por todos, despachan al límite, atascadísimos como están con cientos de expedientes y, en justa medida, dan prioridad a los temas importantes de la sociedad, no a las majaderías de si alguien ha decidido los miembros de un tribunal. Por esta razón —y otras que no vienen al caso—, transcurrieron cuatro años hasta que el juez dictaminó sobre el caso y para desestimar el recurso interpuesto, al parecer por exiguo fundamento jurídico. Así quedaron las cosas, como estaban, que es como conviene a los que mandan. Los querellantes acudieron a los medios de comunicación para airear el caso, alegando que el juez era propietario de una finca cuyo camino había sido asfaltado en los últimos meses por el Ministerio de Infraestructuras. No sabían, pobres ignorantes, que el camino era de titularidad pública y que la Administración Pública siempre actúa en beneficio del bien común.

—¡Siendo así...!

El camino pertenecía al Ayuntamiento, sí, y fue la corporación local quien autorizó su arreglo, pero a Venancio Mulió, el alcalde de la localidad, le pareció muy extraño tanto interés por parte del ministerio en una trocha que los vecinos no transitaban desde el origen de los tiempos. Don Venancio no quiso ahondar en el asunto; cualquier inversión era bien recibida en el municipio y ya se encargaría él de rentabilizarla durante la campaña electoral. La tormenta escampó y las aguas volvieron a su cauce, es decir, los querellantes quedaron planchados y sin turno de réplica. En los litigios, dicho sea con todo respeto, siempre hay una mosca alborotadora y cojonera que le busca tres pies al gato...

Segismundo trabajó como interino durante cuatro años. Entretanto, la sombra del padre abría puertas invisibles...

En la cuarta temporada se produjo la gran noticia que esperaban los empleados públicos: los interinos con más de tres años en activo podían convertirse en funcionarios si superaban un curso. Era el resultado de una difícil negociación entre la Administración Pública y los sindicatos —dijeron éstos a los medios de comunicación—. En realidad, se trataba de un pacto que interesaba a todos: una parte de la comisión técnica (entre ellos, algunos sindicalistas) eran funcionarios interinos y, por tanto, obtendrían la plaza de por vida. La noticia fue aplaudida por la mayoría, pero enervó a quienes habían aprobado la oposición tras años de esfuerzo. Con la decisión se permitiría ingresar por la puerta grande a los «recomendados» empleando la maniobra del titiritero: interinos transformados en funcionarios *ad mortem* por ser hijo, amigo o pariente del alto cargo que los introdujo años atrás como interinos «a dedo».

Según el sindicato, el curso se realizaría dentro del horario de trabajo (dos días por semana), e incluiría dietas de desplazamiento para quienes se desplazaran desde las provincias (para no perder poder adquisitivo). En realidad, no se precisaría examen: bastaría con la presentación de un trabajo elaborado en equipo. La Administración Pública debe fomentar la dinámica de grupos...

La oportunidad era única y Segismundo, como los demás, superó el listón... A partir de ese instante, Segismundo encontró las condiciones adecuadas para ascender por el escalafón administrativo.

Tres meses después le propusieron como jefe del Servicio de Carreteras. Se habían celebrado elecciones regionales y el director general de Infraestructuras, don Serafín del Brío y Lucientes, ingeniero todopoderoso que llevaba un cuarto de siglo en el sillón, fue cesado. Le dio relevo don Elisendo Mendizábal, un político joven, afín al partido. El nuevo director general era hijo de don Argimiro Mendizábal, amigo personal del padre de Segis. Ambos llevaban veinticinco años jugando al golf en el Club *El Danzón* y cenaban juntos los viernes con sus esposas. Nunca se supo si el asunto se resolvió con una llamada telefónica o al calor de unas raciones de gambas regadas con buen vino, pero de la conversación entre los golfistas se destiló la decisión de proponer al ingeniero para el puesto. Las familias de bien hacen las cosas con criterio.

Segismundo Abrune (hijo) recibió una llamada de don Elisendo Mendizábal. Le ofrecía la jefatura del Servicio de Carreteras. ¡Ahí es nada! Segismundo aceptó con gestos afectados y se emplazaron para el día siguiente. A partir de ese día, tal y como ha ocurrido desde que el mundo es mundo con los puestos nombrados «a dedo», el discurso de Segis giró en torno a la fidelidad hacia su jefe, asegurando a todos que si su director general dimitía o era cesado, él también lo haría inmediatamente. Luego..., ya se sabe, las cosas no tienen por qué llegar a esos extremos; las palabras tienen su importancia, pero no se va a dilapidar una carrera profesional por unos principios que bien se pueden cambiar de un día para otro. Es decir, golpes en el pecho y todos los discursos que se quiera, pero el sillón es el sillón... Tengámoslo claro: Segismundo no renunciará al puesto por un quítame allá esas pajas..., tendrán que sacarlo con los pies por delante. Además, si nombrasen a otro, sería un recomendado salido de las cloacas y sin ninguna experiencia...

—¡Cómo está el patio!
—Llenito de lodo...

«¡Ahora sí que haremos cosas por la región!» —se dijeron al unísono el jefe del Servicio de Carreteras y el director general de Infraestructuras en la primera reunión—, «y si podemos ganar un poco de dinero extra», —pensaron ambos—, «además de lo que nos reporta la nómina, bienvenido sea, que los nombramientos son efímeros...».

Pues de las cosas obscenas y torpes, los pensamientos se han de apartar, cuanto más los ojos. *

La mente si se la deja volar, tiende a los malos pensamientos y al final, como sin querer, tropieza con el pecado. Segismundo no va a convertirse en un corrupto descarado, dispuesto a llenarse el bolsillo a la mínima oportunidad, pero tampoco quiere hacer el primo. Tiene claro que oficio que no da de comer, no vale dos habas, que la vida se debe aceptar como viene y que la divina providencia le ha puesto un pastel ante sus ojos que debe comer con moderación. Segis tiene esposa e hijos. Ese matiz, se quiera o no se quiera, es un estímulo en el día a día. El nuevo jefe del Servicio de Carreteras planificará su trabajo. Solo «influirá» en las situaciones claras, con discreción; lo último que quiere es que «los de arriba» piensen que en su departamento se cometen irregularidades.

Segismundo Abrune inicia la andadura con más energía que conocimiento. Enseguida se lleva algunos revolcones. Debe aprender a tragar sapos, pero seguro que los digiere bien. En la Administración Pública es obligatorio aceptar la ley del «dame pan y dime tonto». Unas veces se gana, otras se pierde, y siempre es posible compensar los malos ratos pasados junto al director general con adjudicaciones de contratos a amigos y cuñados. Lo importante es el balance final…, que una parte de lo trabajado vaya al bolsillo propio.

Segis cumple a rajatabla con el protocolo del alto cargo, que se resume en la máxima: «A adular, a adular, que el chollo se me puede acabar…».

El jefe del Servicio de Carreteras organiza el departamento con criterio y liderazgo. Próximo a su despacho coloca a la asesora jurídica y a los técnicos más afines; en los pasillos centrales, a los administrativos, capataces y auxiliares. Lo más alejado posible, con aquellos que no comulga. Segismundo se implica en el trabajo como si la empresa fuese suya. Reuniones para motivar a sus jefes de sección, reuniones con los jefes de negociado, con los administrativos, con los jefes de obra… Entre iguales y superiores, llamadas telefónicas a cualquier hora del día o la noche para aclarar temas y convocar nuevas reuniones. Comidas, citas, complicidad con otros jefes de departamento, el propio director general, alcaldes y empresarios afines al partido ¡Una vorágine! Y viajes, muchos viajes… Para formar parte de comités coordinados por el ministerio, para hablar con los homólogos de otras regiones o discutir del sexo de los ángeles. Las reuniones son el *leitmotiv* de la Administración Pública.

A diario debe elaborar informes que solicita el excelentísimo señor ministro. Son documentos urgentes que requieren la movilización de todo departamento. Se preparan los datos y, a veces, cuando se entregan, ya no interesan; ha llegado una contraorden de «arriba» y «con la iglesia hemos topado, amigo Sancho...»

Segis pasa esta mañana por una situación complicada: del área del presidente piden que se modifique el trazado de la carretera comarcal que va de Santipona a Medellén. Afecta a la propiedad de don Baldomero Simón, amigo personal del presidente. Si el proyecto continúa, la finca quedaría partida en dos y perdería una parte de su valor. Don Baldomero no ha querido entrar en si la valoración que han hecho los funcionarios ha más que generosa, porque lo que no está dispuesto a tolerar es que el legado de sus padres se vea afectado por una carretera que ni le va ni le viene. Don Baldomero ha hablado con lo más alto del escalafón. ¡Cuidado!, que no es hombre que se calme con discursos de político. Segis tiene una patata caliente entre las manos. El proyecto se adjudicó mediante concurso público y el proceso está validado por la Administración Pública; a ver quién le dice ahora al contratista que debe modificar el proyecto...

—Tranquilo, ya verás como lo arreglan.
—¡No sé cómo!

El día se ha dado mal. Su director general le ha comentado que la programación anual no podrá ejecutarse. El director general de Estructuras Hidráulicas, un traidor, le ha birlado parte de los fondos ¡manda cojones!, y encima para una obra que no tiene ni pies ni cabeza, pero que cuenta con el visto bueno del partido.

—¿Crees que Segismundo dimitirá?
—No creo yo que por eso...

«Esto es un equipo, Segis» —le dice el director general para calmarlo—, «hoy por ti, mañana por mí; no te alteres..., en la Administración Pública hay que tener cintura...».
A Segismundo le queda algo de dignidad (lleva poco tiempo en el puesto) y después de algunas reflexiones pone su cargo a disposición del director general. Elisendo Mendizábal, político hasta la médula, no le recoge el guante. Intenta tranquilizarlo con el argumento de que ya habrá otras oportunidades para llevarse el gato al agua. «¡Vamos, Segis!» —le dice cariñoso—«tómate unos días y aprovecha para asistir al congreso de Sandach que comentamos hace unas semanas...! Te firmo las dietas y vas en representación de nuestra región. ¿Por qué no preparas una ponencia sobre las infraestructuras que hemos construido en los últimos años? Si quieres, le pagamos también el viaje a tu esposa». «Por cierto» —le insinúa con un guiño—, «tal vez prefieras ir con la jefa de sección; me han dicho que tiene aspiraciones...».
Segis está hecho un lío y tiene un cabreo mayúsculo. Le han bloqueado las obras y ya tenía hablado con las

empresas constructoras cómo se repartirían el pastel y sus correspondientes comisiones. Además, le preocupa el trabajo que tiene pendiente: informes de los técnicos, citas con empresarios para solucionar lo de la carretera comarcal 546 a su paso por Monte Genex y, para colmo, su esposa, que ha comprado unas entradas en el Teatro Jovelin y no le apetece nada, pero nada, salir este viernes por la noche. En fin, que todo se ha torcido..., como para pensar en un viaje con la jefa de sección y complicarse la vida. ¡Vamos..., que no!

Segis es un hombre que encaja los vaivenes de la vida, pero lo de esta mañana le ha golpeado en plena la línea de flotación. Se encuentra abatido. Las contrariedades le afectan como a cualquier hijo de vecino. Con la mente un poco confusa decide salir de la jefatura provincial para dar un paseo, a ver si ordena un poco las ideas. Después de caminar sin rumbo se sienta en el banco de un parque. Los rayos del sol le dan en la cara. ¡Qué placer! Respira hondo y mantiene los ojos cerrados durante mucho tiempo. Cuando los abre, tiene delante de él una niña vestida de rosa que arroja migas de pan a los gorriones. Debe tener como dos años. ¡Qué bonita imagen! ¡Cómo le gustaría trasladarse a la infancia y olvidar los problemas! Los pajarillos se introducen entre las piernas de la cría y picotean las semillas del suelo; no tienen temor a ser aplastados por una eventual caída.

«¿Por qué no?» —piensa de repente—, «bien merezco un descanso. Voy a hablar con Flavia..., ¡claro que sí!, no hay nada de malo en acudir con ella al congreso. Me vendrá bien un cambio de aires. Se lo plantearé como un empujón para su currículo y, para animarla, prepararemos la conferencia entre los dos. No me había fijado en ella, pero la verdad es que está como un tren...».

Segismundo evita decirle a su mujer que viajará cuatro días con la ingeniera y le cuenta una mentira piadosa. Nunca le ha faltado al respeto desde que se casaron, pero no quiere preocuparla.

—¿Y tú qué opinas?
—Pues..., que como la ingeniera se empeñe...
—¡Bah!..., el mundo es chismoso y desbaratado.

Segismundo convenció a Flavia, y el día que debería estar en el Teatro con su esposa, se encuentra volando hacia la ciudad de Sandach, donde seguramente cambiará su vida.

El congreso fue magnífico y la conferencia de Segis muy aplaudida. De lo demás, no conocemos detalles. Cuatro días después la pareja vuelve a la rutina y en principio todo parece normal. Pero hay secuelas. El deseo se despierta, avanza como un alud, y los dos funcionarios parecen estar afectados por la misma enfermedad. Se ven a puerta cerrada en el despacho (para aclarar temas), aunque las consultas llevan aparejadas revolcones y suspiros sobre el sofá. No todo van a ser obligaciones en el trabajo...

*La senda de la virtud es muy estrecha y el camino del vicio, ancho y espacioso.**

En el departamento andan con mucho jaleo, se podría decir que desbordados. Hace falta más personal.

Segismundo ha pedido al director general que algunos de sus empleados tengan un mayor reconocimiento a fin de mes. Se lo dice durante la comida de los lunes: «debemos incentivar a los mejores, al menos a mi jefa de sección, que se deja la piel en la oficina…». Segis quiere premiar a su amante porque desde hace unas semanas está más exigente de lo normal y no le vale con encuentros esporádicos a puerta cerrada. Segis, al llegar a los postres, le sugiere al director general elevar un informe a la dirección general del Empleado Público para modificar la plaza de Flavia. Las personas de valía deben ser recompensadas como se merecen. «Claro, Segis, pásamelo a la firma» —le contesta Elisendo—, conocedor del difícil momento por el que está pasando el apasionado galán.

Segismundo está hecho un brazo de mar. Durante la carrera era un grandísimo golfo, bebía como un cosaco y aprobaba las asignaturas a duras penas, pero ahora ha prosperado, ostenta un puesto de calado en la Administración Pública y presume de un expediente académico que nadie puede corroborar. Es todo un señor.

Los primeros años trataba a sus trabajadores con amabilidad y respeto; ahora el tiempo no le da para tonterías. Debe atender lo importante, las relaciones con los de arriba, los favores que hay que devolver…Con tantas preocupaciones, hay mañanas que hasta se olvida de dar los buenos días a los auxiliares administrativos y a los conserjes. Normal. Es humanamente imposible que una persona de su importancia lo abarque todo y preste atención a los pequeños detalles. Además, ¡qué carajo! en algo se tendrán que diferenciar los ingenieros de quienes no tienen carrera ni posibles.

—«*¡Merde pour vous!*»

Transcurren los años. Segismundo sabe bien a qué puertas llamar. Encuentra fórmulas para ganar dinero dentro y fuera de la Administración Pública. Tiene las espaldas cubiertas porque el director general también participa en algunas de sus «mordidas». El mes pasado se llevaron un sobresueldo; informaron favorablemente el proyecto de urbanización del polígono industrial de Chevarnaque y recibieron un buen sobre. El anterior tampoco fue mal: una propina de veinte mil «mingotes» de los madereros por archivar las denuncias que se habían abierto tras una tala masiva de árboles centenarios sin autorización.

Por las mañanas, Segismundo llega a la oficina una hora después del resto de los trabajadores del departamento. Nada que criticar. Viene de lejos y además es jefe. Muchas tardes acude a la oficina para firmar, revisar o planificar el trabajo, eso sin contabilizar los fines de semana que dedica a lo público para despachar con alcaldes que han solicitado entrevista con el director general y éste se los deriva porque son localidades de poca monta. Segis también da conferencias en congresos y simposios. A veces, cuando el director general se lo pide, acompaña a la muy principal labor de inaugurar. Segis no dice nada, pero esas horas extras que regala a la «cosa pública» se las cobra luego en comisiones o influencias, según convenga. El jefe del Servicio de Carreteras conoce bien los resortes y sabe que no hay nada como proponer iniciativas a los superiores para ganarse la confianza. Luego, si las propuestas no prosperan, mucho mejor; ya tiene bastante con las salidas de tono y contraórdenes del director general, como para buscarse más líos...

Lo de Flavia va bien. Se ven bastante. El sofá del despacho se ha convertido en una «polvera» por las tardes, aunque en el departamento todo son cuchicheos. La verdad es que Segis quiere zanjar el tema. No le interesa que el asunto salga a la luz. La chica es prudente, pero nunca se sabe... Segismundo podría recibir una denuncia por acoso si Flavia se revolviera contra él, o ser objeto de una investigación comandada por su mujer, que todo puede ocurrir. Con su amante se siente divino, sí,..., más joven, más varonil, eufórico... La chica le ríe las gracias y él, que es algo histriónico, se viene arriba con anécdotas y fantasías que le generan buenos dividendos en la intimidad. El instinto de unión entre los sexos: si una mujer y un hombre se encuentran cerca, tengan la relación que tengan, siempre ocurre algo entre ellos...

Pasan las semanas y los meses. Segismundo es un tipo audaz que escucha los consejos del padre. Ha invertido una buena parte de sus ahorros en fondos «buitre» y la rentabilidad ha alcanzado el doce por ciento en el último año. Si a esto se le suma el capital principal y la desgravación fiscal, ha cosechado una buena suma. No va más.

La semana que viene tiene la agenda completa. No podrá recibir al alcalde de Hermida, que es de signo contrario al del gobierno que manda y si le diera cancha lo lincharían los lameculos del director general. Ya se lo advirtieron en el partido el primer día: «al enemigo ni agua, Segis, ni para bien ni para mal; que la población compruebe las consecuencias de votar a quien no debe… Si es necesario estrangular al municipio ¡hazlo!». El bueno de Segismundo no comprendía nada. Pretendía trabajar con la planificación de caminos y carreteras que establece la lógica universitaria. Ahora, con los años, sabe bien de qué va el asunto y no falla un tiro; se ha convertido en un francotirador. Cuando asiste a reuniones con superiores piensa antes lo que va a decir y estudia los temas con cuidado. Le consulta todo al director general, evita tomar decisiones. No quiere riesgos, que son tres mil cuatrocientos «mingotes» al mes, además de lo que va por debajo…

La información es lo primero. En las citas con empresarios y propietarios lo primero es averiguar con quién se trata, si tiene posibles o conoce a políticos relevantes. El rodaje es lento, pero Segis lo ha vivido en su familia y no le cuesta integrarlo en el día a día.

Segismundo lleva ocho años en el cargo y después de este tiempo… ¡Qué le van a contar! Tiene la cintura más flexible que un junco, nada le parece vergonzante. A veces recuerda a su profesor de universidad, Evaristo Cordero, y esboza una sonrisa. Durante años lo mantuvo en un pedestal porque se había negado a firmar el proyecto de impacto ambiental de la Autovía Sur de Anthropos… El trazado discurría por el Parque Natural de los Olivos y aceptar el encargo le hubiera reportado treinta mil «mingotes». Pero don Evaristo se negó en redondo. ¡Menudo panoli! Para lo que le sirvió…, los promotores contrataron después a un grupo de científicos del Consejo Supremo de Investigaciones y consiguieron su objetivo. La vida enseña. Que le cayese ahora una cosa así, ya verían, ya…

El jefe del Servicio de Carreteras continúa trabajando y ampliando conocimientos, casi todos ellos perniciosos. Viajes, reuniones, decisiones, bajadas de pantalones, nóminas cobradas a fin de mes y sobres bajo la mesa. Sabe cuánto tensar la cuerda sin que se rompa.

Un buen día, ¡vaya faena!, por imperativos de la democracia, se celebran elecciones. Ganan los otros, los de signo político contrario, esos impresentables... ¿Pero..., cómo es posible? ¡Si decían en el partido que el triunfo estaba asegurado...!

Unas semanas después lo ponen de patitas en la calle sin darle explicaciones. Y nombran «a dedo» a un incompetente, ¡Menuda mafia! Segis llevaba un tiempo nervioso porque los cargos de libre designación siempre tienen la espada de Damocles sobre su cabeza, pero confiaba que, llegado el momento, tendría su oportunidad. ¡Vaya faena!

El golpe es doble, o incluso triple, porque le llegan rumores de que ha sido cesado por favorecer a una constructora para que fuera adjudicataria de una carretera comarcal. O sea, que lo acusan de corrupto. Segismundo tiene un apellido que defender y el rumor le parece inaceptable. Se querellará contra quien sea. Es una habladuría que le podría hacer perder el prestigio conseguido en estos años. A Segis, que anda un poco hundido, se le viene a la cabeza una frase que su padre ha repetido en casa muchas veces: «cada uno es artífice de su propia ventura». Además..., lo destinan a Mondrión, donde las oficinas son barracones y no hay más que polvo y moscas. Tiene un disgusto de muerte.

¡Qué injusticia, joder! ¡Vaya forma de premiar a quien se ha dejado los cuernos por mejorar la comarca! Hablando de cuernos..., dos meses después de su traslado a Mondrión los compañeros de la capital le han dicho que Flavia se ha liado con el nuevo jefe del Servicio de Carreteras. Al parecer es *vox populi*, aunque la pareja lo disimula como puede. Según le han contado, la próxima semana se irán juntos al VII Seminario Internacional de Infraestructuras Hidráulicas que se celebra en Ludivina. Llevan varias mañanas encerrados en el despacho preparando la conferencia.

¡¡Madre del amor hermoso...!!

CAPÍTULO DUODÉCIMO

QUE EXPLICA LA DESVENTURA
DE LA ABNEGADA OBDULIA, Y NO OTRA

La empresa más fiable de Anthropos es la Administración Pública. Lo mismo da que se trate de gobiernos municipales, regionales o nacionales..., todos son buenos para facturar, aunque los empresarios prefieren los ministerios a los ayuntamientos porque estos últimos se demoran tanto en pagar que las cuentas no salen.

Los máximos responsables del presupuesto en la Administración Pública son los secretarios generales técnicos, los secretarios de ayuntamientos y los tesoreros, pero el entramado de las adjudicaciones públicas es tan complejo que cuesta una vida entenderlo.

—¡Pche...! Será como todo..., aquí está el dinero, aquí me siento con los míos para gastarlo...

—Es algo más complicado. A veces las cosas no son como parecen.

Son muchos los eslabones de la cadena, léase puestos intermedios, que se han insertado en la cadena administrativa con los años. El propósito era garantizar la legalidad, pero el resultado ha sido enturbiar, retrasar o impedir que el presupuesto anual se ejecute en tiempo y forma.

—¡Ya empezamos con las críticas!

La Ley Nacional de Contratos y la Ley Administrativa de Trámites son los pilares que sustentan los contratos que realizan las Administraciones Públicas con terceros, aunque los procesos son llevados a cabo por individuos de carne y hueso y los habitantes de Anthropos se pintan solos para interpretar la ley.

Los funcionarios elaboran memorias técnicas para que las obras, suministros y servicios se puedan adjudicar en concursos públicos. Estos documentos se mueven de mesa en mesa, son supervisados por otros técnicos y por los políticos de los que dependen. Dentro de la interminable cadena de personal que autoriza, pone reparos, o deniega, los interventores emiten un informe para autorizar el gasto. Los interventores son independientes del estamento político y su informe es vinculante (¡menos mal…!). Esto significa que, si el director general pretende algún chanchullo, lo tendrá difícil. ¡Ay…, si no estuvieran los interventores…!

Los interventores, a veces rigurosos, a veces más chulos que un ocho, son responsables de que los expedientes de contratación se vinculen con la aplicación presupuestaria correcta, se cumplan los objetivos para los que fue destinado el dinero y, el día de la mesa de contratación, validan las condiciones técnicas de las empresas, incluidos los avales bancarios. Son también quienes valoran las propuestas económicas. Sin embargo, las valoraciones técnicas quedan en manos de los técnicos de alto nivel, que están subordinados a los políticos. Estas valoraciones técnicas se analizan después de la mesa de contratación, en despachos sin presencia de interventores, sindicatos o abogados del estado…

Por otro lado, la aclamada independencia de los interventores, es relativa. Es cierto que no se encuentran vinculados al poder político y que realizan su trabajo sin temor a ser destituidos. Pero se trata de una verdad a medias. No dependen del alto cargo de ese ministerio o dirección general, pero sí de un interventor general, que está adscrito al Ministerio de la Financiación Pública y se nombra a dedo por un político de alto nivel. Por lo tanto, un interventor que sea molesto e impida a los gobernantes «trabajar con fluidez», será cesado por el interventor general, su superior, a petición de los políticos de alta graduación. La independencia, por tanto, se encuentra acotada dentro de estrechos márgenes.

Los informes de los interventores pueden ser negativos y entonces los expedientes se anulan y archivan. También pueden ser favorables, pero con reparos subsanables (la mayoría de las veces), en cuyo caso el expediente de contratación será tramitado en una segunda vuelta…

—¿Vamos bien?

—-Un poco lioso parece…

Pongamos que el informe haya sido favorable al primer intento. Han pasado varias semanas («en palacio, las cosas van despacio»). Es hora de decidir a qué empresas se invita. En los concursos públicos de bajo importe, la legislación permite que el alto cargo elija las empresas.

A efectos prácticos, significa que en los denominados «contratos reducidos», no hay por qué dar explicaciones a nadie…, se invita a quien dice el jefe.

Para esas convocatorias discrecionales, la ley dice que son suficientes tres presupuestos. Llegado el caso, es incluso posible que una misma empresa aporte los tres, puesto que, con frecuencia, los empresarios «amigos» de la Administración Pública tienen varias empresas para evitar que siempre se les adjudique a una de ellas. Una vez recibidos los presupuestos se adjudica al más económico, pero antes alguien de la Administración Pública puede hablar con la empresa para explicarle qué es lo que se desea, momento que se aprovecha para ajustar el importe y que la oferta más barata sea, casualmente, la de la empresa que interesa como adjudicataria. Todo legal.

—Pero un empresario estará al corriente de los contratos que tiene previstos la Administración Pública y puede visitar los departamentos para enterarse y participar cuando lo desee, ¿no?

—¿Y si no quieren invitarlos?

El funcionario de alto rango analiza con quién contratar: «esta empresa nos ha dado buen resultado en el pasado, aquella no, porque no hace lo que le pedimos cuando deseamos cambiar A por B y que siga rezando en la factura el concepto A. O mejor aún…, vamos a probar con esta que ha creado un amigo mío hace poco, aunque no tenga todavía los medios necesarios. Si fuera necesario, que los subcontrate con otra empresa más consolidada…».

A veces, cuando el murmullo se convierte en clamor porque siempre resultan favorecidos los mismos, se equilibran las adjudicaciones y al resto de las empresas del *lobby* se les asigna algo. «Aquel ya resultó beneficiado por dos contratos, ahora le toca a éste» —decide una mano invisible—, o bien, se seleccionan los importes más altos para las empresas de confianza, es decir, las que envían regalos, entregan sobres por debajo de la mesa, invitan a comer o a cazar a los jefes y acceden a realizar cualquier transacción en A o en B con tal de que se firme la certificación final.

—¡Uf, qué mareo...! Me niego a creer que las cosas funcionen así.
—No siempre, no siempre... Solo cuando interesa.

La Administración Pública es un gigantesco tarro de miel siempre rodeado de moscas. Cerca de los altos cargos proliferan los asesores que valoran los convenios que se firmarán con otras Administraciones Públicas y empresas públicas. Los órganos de planificación deciden cómo gastar el dinero. Es una enorme masa de gente con tareas compartimentadas que inicia su andadura en el mes de febrero de cada año y se detiene sin cumplir objetivos a mediados de diciembre.

—¿Febrero...? ¿Mediados de diciembre...? No entiendo nada...

El presupuesto de cada anualidad se pone en marcha al cerrar las cuentas del ejercicio anterior. Esto no ocurre hasta mediados de febrero. Por otro lado, al final de cada año los interventores y órganos de contratación deben tramitar los documentos de pago. Para ello, ordenan a los distintos departamentos que las facturas y certificaciones sean enviadas, como fecha límite, a finales de noviembre. En diciembre, el grueso de los funcionarios solicita los días de asuntos particulares y vacaciones que les faltaban por disfrutar. Los han reservado celosamente para pasar las Navidades con sus familias. Estas mini-vacaciones se amplían con puentes, días festivos y algunas bajas laborales estratégicamente elegidas... De esta manera, a una Administración Pública colapsada con la masiva documentación que se tramita a final de cada año se le suma la escasez de personal y la madeja no se deslía hasta bien entrado el mes de febrero.

—¿Y no sería mejor que en esos días se reforzaran los departamentos con más personal, aunque el resto del año estuvieran bajo mínimos?

—¡Cómo se nota que no has trabajado en la «cosa pública»!

En cuestiones de presupuesto, cuantos más millones de «mingotes» gestiona un alto cargo, mayor es su poder. El gerifalte que se encuentra arriba en el escalafón decide sobre grandes partidas, pero no puede controlar los detalles. A la hora de la verdad, esto significa que el gran ministro marca las líneas magistrales del plan anual, con muchos millones de «mingotes» en liza, decide con qué ayuntamientos, empresas públicas, fundaciones u ONG se establecerán —o prohibirán— convenios de colaboración... Sin embargo, no puede comprobar cómo se ejecutan. Para eso están quienes desmenuzan el pastel, los que ponen trabas o engrasan la maquinaria...

Dentro de ese maremágnum, el telón de fondo es quién resultará adjudicatario del contrato público, es decir, qué empresa realizará la obra. Llegados a ese punto, vuelve a ser relevante el escalafón administrativo. Si el contrato en cuestión tiene muchos ceros, será el propio secretario general o ministro quien decidirá el adjudicatario, bien por afinidad política con la empresa, o porque le corresponda por riguroso turno rotativo (en concursos anteriores ya se lo adjudicaron a otras y ahora conviene repartir para que haya paz entre los hombres de buena voluntad...). Para dirimir esta cuestión, poco importará si el presupuesto presentado por la empresa se ajusta a los precios de mercado o cómo es el proyecto. Eso es lo de menos. En los últimos años, las bajas a licitaciones de obras públicas han sido tan escandalosamente bajas con respecto a los proyectos elaborados por la Administración Pública —en ocasiones cercanas al 50%—, que han llevado a pensar a empresas y ciudadanos que, o no estaban bien elaborados (con la consecuente sospecha), o las compañías pujaban sabiendo que habría posteriores «modificados» para compensar las pérdidas de sus ofertas en «baja temeraria».

—¿Cómo...? ¡No entiendo nada...! ¡Esto desprende un tremendo olor a cloaca, por mucho que lo respalden las leyes y los hombres de chaqueta y corbata!

—¡Tranquilo...! Conocer cómo se gasta el dinero es recomendable. La postura del avestruz no cambiará las cosas. Si estás informado, al menos podrás opinar con fundamento.

—¡Fundamentos, fundamentos...!

Para que una empresa resulte adjudicataria, debe presentar una oferta económica más baja que la de sus competidores. Es lógico. Como la lucha es feroz y el factor principal de adjudicación es el precio, se llegan a presentar presupuestos de coste inferior al real con el único propósito de resultar adjudicatario. La empresa sabe que será imposible ejecutar la obra por ese importe, pero cuenta con forzar a la Administración Pública más adelante, una vez que tenga el contrato firmado, para que amplíe el coste tramitando un «modificado». En el caso de que la Administración Pública no ceda a esa pretensión, la compañía amenazará con abandonar la obra una vez comenzada. Es una estrategia conocida por todos que da excelentes resultados. Llegado el caso, la Administración Pública puede rescindir el contrato si se demostrara que la empresa no está cumpliendo con el proyecto..., pero no es fácil. Las grandes empresas tienen especialistas que buscan y encuentran errores al proyecto redactado por la Administración Pública y, además, el «modificado» es planteado por la empresa constructora una vez comenzada la obra. El objetivo es presionar a la Administración Pública. En una hipotética rescisión, deberá valorarse lo ya ejecutado, abonarlo, elaborar un nuevo proyecto con lo que falta por ejecutar, y considerar responsable al nuevo adjudicatario de las garantías de lo construido por la empresa cesante, es decir, un galimatías en el que intervienen los juristas de ambas partes y que puede terminar en los tribunales dejando la obra paralizada durante meses o años.

No profundicemos más en este abismal océano. Lo explicado hasta ahora resulta de aplicación para las grandes obras, las que se adjudican por varios millones de «mingotes». Sin embargo, en los contratos reducidos de obras, suministros o servicios, los adjudicatarios se deciden sin publicación en los boletines oficiales y pocos se enteran.

Me es a mí más fácil imitarle en esto que no en hender gigantes, descabezar serpientes, matar endriagos, desbaratar ejércitos, fracasar armadas y deshacer encantamientos. *

Por fin..., ya tenemos firmados los contratos de adjudicación con la empresa X, sea amiga, o amiga íntima ¿Ahora qué?, a cumplir con el proyecto..., ¿no?

Una vez firmados los contratos, llega el momento de ejecutar la obra y, más adelante, lo de cobrar, que también tiene lo suyo... Una empresa puede resultar adjudicataria de una obra o suministro y pasar las de Caín para ingresar en su cuenta corriente la cantidad que refleja el proyecto, aunque haya cumplido al pie de la letra sus obligaciones. En esta fase entran en juego los directores de obra, que son los que dan el visto bueno a las facturas y certificaciones, es decir, quienes corroboran que todo se ha realizado correctamente.

—¿Y si el director de obra se «hace de rogar» y no firma las certificaciones?

—Pues…, la empresa tendrá que «hablar» con él y alegrarle el día como pueda…

—«¡Mamma mía»…, otra vez vuelta a empezar…!

Y de aquellos polvos…, vienen estos lodos:

Obdulia Arganzuela es la ilustrísima secretaria general técnica del Ministerio de la Salud de Anthropos, licenciada en Economía y Derecho, simpatizante del gobierno actual y padres afiliados al partido desde los tiempos de «Maricastaña». Se jacta de tener una vocación ligada a ideales y aborrecer a los de la oposición que, dicho sea de paso, son unos impresentables. Obdulia Arganzuela, al terminar los estudios cursó en el extranjero un máster de contabilidad de grandes empresas que le ha reportado fama de mujer preparada. Habla con fluidez tres idiomas y chapurrea otros dos. Pasó diez años formando parte del comité de expertos de economía en el que estaban representados varios países y, al tiempo, defendió los intereses de su departamento en el espinoso tema de las transferencias sanitarias. Obdulia Arganzuela es una mujer tiesa, nervuda y avellanada, hembra de armas tomar, líder en las reuniones y con una lengua afilada que todos procuran evitar.

—Vamos, de las que no da puntada sin hilo.

Obdulia Arganzuela se encuentra bien valorada dentro y fuera del partido, por eso ha subido como la espuma en los últimos años, aunque los hombres de la ejecutiva no le dan mucha cancha para evitar que se convierta en una verdadera competidora. A ellos les basta con saber que los temas sanitarios están defendidos por una mujer sin intereses crematísticos y fiel a las siglas que le pagan. Ya están ellos para manejar otros asuntos desde la sombra.

Eliseo del Olmo, presidente del partido desde hace quince años, fue quien propuso a Obdulia como secretaria general técnica. Cuando habló con ella le dijo a bocajarro que el objetivo era volver a ganar las elecciones y que lo demás era totalmente secundario. Obdulia Arganzuela se quedó muy sorprendida, pero aceptó el cargo.

El nombramiento de Obdulia es un reconocimiento a las personas con valía. La nueva secretaria general técnica se incorpora a su puesto de libre designación por nueve mil seiscientos «mingotes» al mes y una jornada de lunes a viernes. Desde el primer momento trabaja sin dejarse intimidar, marcando ritmo, dialogando con todos, poniendo los puntos sobre las íes. Solo acepta órdenes del ministro, su único jefe. Directores generales, asesores y jefes de departamento están por debajo de ella en el escalafón, son tropa… Obdulia es la jefa del presupuesto y del personal, un puesto de mucha responsabilidad que permite hacer cambios estructurales y mejorar lo que estaba llevando muy mala dirección hasta ahora. Tendrá que lidiar con el interventor ¡qué remedio!, tragar algunos sapos, pero confía en llevarlo a su terreno y generar un buen clima entre ambos. Muchos altos cargos opinan que la independencia de los interventores debería restringirse porque, según dicen, son unos chulos de cuidado, aplican la legislación a rajatabla y no hay quien pueda gestionar el presupuesto con un mínimo de planificación.

Obdulia Arganzuela reúne a sus cuatro directores generales y les canta un tango: «Gerardo, te falta enviarme los informes del programa operativo, si no los tengo hoy le daré carpetazo a tus propuestas; tú, Hipólito, el año pasado no conseguiste gastar el treinta por ciento del presupuesto, así que te lo descuento de este, y contigo, Rosa, quiero que hablemos, que desde el partido se intenta impulsar un convenio entre las aseguradoras privadas y los hospitales. Hay una empresa que tiene la bendición de la ejecutiva del partido, aunque es un tema que habrá que tratar con mucha discreción. Recordad —les dice a los directores generales— que en el último comité se habló de crear una fundación sin ánimo de lucro para hacer «más eficaz» la gestión. «Mediante un convenio marco se podrían transferir las partidas del ministerio a la fundación; así evitaríamos el control del interventor». «Será necesaria una campaña publicitaria para dar a conocer la fundación y explicar su proyecto: mejoras en los centros de salud, equipamientos para hospitales, apertura de líneas de investigación que estén de moda, etc. No tendremos por qué hacer las inversiones después» —aclara Obdulia con una sonrisa—, «servirá con decir que están planificadas, pero se podrán desestimar una vez sembrada la imagen que buscamos. Se trata de abonar el terreno y evitar resistencias. Queremos que suene bien desde el principio para dedicar el grueso del presupuesto a las aseguradoras. Las fundaciones son una buena herramienta para estos fines —ha proseguido la secretaria general técnica ante el silencio de los cuatro altos cargos— y tienen el aval de carecer de lucro. Resultan un magnífico escudo. Utilizar empresas públicas sería otra opción, pero hay que bregar con su estructura, llena de jefes comarcales y provinciales, además del enorme coste que tiene cualquier contratación con ellos, más del sesenta por ciento con respecto a cualquier empresa privada, por mucho que se argumente que los precios son los acordados con la Administración Pública.

Los precios que cobran las empresas públicas a la Administración Pública se ajustan a las tasas publicadas en los boletines oficiales, pero son muy superiores a los del mercado. La ley prohíbe que las empresas públicas tengan beneficios. Contratar con ellas debería ser beneficioso para la Administración Pública, sin embargo los costes de mantener una estructura sobredimensionada y los sueldos de sus directivos las obligan a tarifar muy alto. El resultado es que el precio pagado es superior al que se abonaría a una empresa privada. Los gobiernos autorizan la publicación de esas tasas en los boletines oficiales porque no les queda otra que aceptar los gastos de explotación que presentan las empresas públicas a final de cada año.

—¡Claro!, los sueldos de los trabajadores de la empresa pública tendrán que salir de algún sitio..., ¡no van a trabajar por amor al arte!

—Por supuesto, pero algunos cobran más que los altos cargos de la Administración Pública. Por eso hay cuchilladas para ocupar esos puestos o cuando se habla de pertenecer a los consejos de administración.

Obdulia Arganzuela zanja el asunto constituyendo una fundación. Piensa que la fórmula dará mucho juego y que la sociedad tardará en saber a qué se dedica exactamente. En realidad, no hay nada que ocultar, todo se hace con absoluta legalidad, siempre bajo los auspicios de la ejecutiva del partido... Pero es mejor guardar las formas; «La mujer del César debe ser buena y además parecerlo...»

Cuando Obdulia Arganzuela preside una mesa de contratación no se oye una mosca. Solo acude a las de importes superiores a doscientos mil «mingotes», y cuando lo hace llega rodeada de asesores jurídicos y jefes de departamento. Nadie habla durante las sesiones si no le preguntan, que la secretaria general técnica tiene malas pulgas. Cuando se abren los sobres de las empresas nadie debe conocer las ofertas económicas. La razón es evidente: se entregaron cerrados. Pero se trata de una verdad a medias. Los sobres han estado guardados en un despacho y allí se han podido «inspeccionar» con discreción (después..., se cierran como es debido). A veces, el sobre de la empresa «amiga» es el último en recepcionarse, justo antes de que se cierre el plazo legal, y propone, ¡oh, sorpresa!, el importe más bajo de todos ellos. Tal vez por escasa diferencia con respecto al segundo, pero lo suficiente. Si no fue posible la filtración a la empresa amiga para que pujara por el importe adecuado, tal vez se puedan valorar otras cuestiones, como los méritos de la empresa, la experiencia, los medios materiales de que dispone, las mejoras aportadas, el personal propuesto para realizar los trabajos, etc., todo ello con la debida pulcritud en el procedimiento, que son muchos los ojos que observan.

—O sea, que la ley Nacional de Contratos no garantiza la legalidad.

—¡En absoluto! La ley se cumple, pero cuando el jefe tiene interés en adjudicar el contrato a una empresa, se busca la fórmula. Nada más.

Obdulia Arganzuela disfruta con su trabajo y se da cuenta de que gracias a su gestión —y a la de su partido— las cosas han cambiado en poco tiempo. A mejor... por supuesto.

Cuando se acercan las Navidades, las empresas le piden a la secretaria de Obdulia la dirección particular de su jefa para, en lucidos paquetes, surtirla de botellas de champán, quesos artesanos y productos de calidad. Obdulia Arganzuela no es mujer que se deje comprar por comisionistas, pero considera que este tipo de regalos son detalles empresariales que se deben aceptar por cortesía.

Obdulia trabaja muchas horas dentro y fuera del ministerio. Cree en lo que hace, aunque el asunto de la fundación y la aseguradora le ha generado mucha tensión. Se siente un poco engañada por el presidente del partido, que es quien la metió en todo ese embrollo. Después de tres años, tiene la sospecha de que hay gato encerrado y tufo a maletín lleno de billetes. El gran mandatario lleva demasiado tiempo ejerciendo como presidente y muchos compañeros creen que no se debería haber apostado de un modo tan abierto por una aseguradora privada. Los medios de comunicación han publicado que la fundación ha sido adjudicataria de un contrato que pagará las bajas laborales de quienes perciben subvenciones por desempleo, un tema que no parece trigo limpio. Además, Obdulia averigua que el capital social de la fundación ha pasado en tres años de ochocientos mil a veintiséis millones de «mingotes», y que parte de ese capital se está reinvirtiendo en la construcción de viviendas de lujo en países extranjeros.

—¡Uff..., qué mala pinta...!

Obdulia Arganzuela llega temprano al ministerio cada mañana, siempre dispuesta a marcar las líneas de trabajo con sus compañeros de dirección. A veces abandona el despacho muy tarde, resolviendo entuertos, una reunión tras otra, dando salida a expedientes e informes que se encuentran atascados por motivos técnicos, políticos, o porque al interventor le gusta hacerse de rogar. Es un baile que cuesta entender. Todo tiene un precio. El engranaje funciona bien si se encuentra engrasado. Obdulia tiene la fuerza de un Titán y defiende su responsabilidad como pocos. Cree en la justicia, en la familia y en lo bien hecho, eso no se lo quita nadie. Es la herencia de su padre, un hombre recto y temeroso de Dios.

La secretaria general técnica está decepcionada. Hay una nube que le empaña la vista. A veces se queda como abstraída mirando por la ventana y no consigue concentrarse. Por las noches duerme a intervalos, se despierta con pesadillas. Discute con su marido, como si el hombre tuviera la culpa de lo que ocurre en las trincheras del partido. Obdulia Arganzuela sabe que algunos de sus compañeros no trabajan para defender la ideología que representan ni por el bien común, sino porque han encontrado una forma de enriquecerse sin trabajar, o porque fomentan una guerra contra enemigos ficticios que les sirve para sobrevivir. Obdulia Arganzuela está desmoralizada, se siente una marioneta en manos de quienes no dan la cara.

Por eso, cuando una mañana lee en los periódicos que se encuentra imputada en un caso de prevaricación y aparecen algunos detalles sobre la fundación que gestiona los seguros, no quiere recibir a nadie ni responder llamadas telefónicas.

Es entonces cuando recuerda la frase que tanto le ha repetido su marido durante años:

«No me seduce
el burdel del poder,
prefiero el otro…»

CAPÍTULO DECIMOTERCERO

QUE DESCRIBE LA PERSONA DE
DON PORFIRIO MARUGÁN Y SU ESCASO INTERÉS
POR DOBLAR EL ESPINAZO

«Escaquear:
prnl. Dicho de una unidad militar: dispersarse de forma irregular.
coloq. Eludir una tarea u obligación en común.»

Quienes se «escaquean» en el trabajo no acostumbran a pensar en las consecuencias de sus actos. Su objetivo es burlarse del sistema y obtener un beneficio personal traducido en ausencias pero, secundariamente, consiguen indignar a los compañeros y al jefe, generando un clima que, a medio plazo, resulta más representativo de su persona que el propio currículo profesional. El escamoteado considera que por un garbanzo no se va a estropear el cocido ¡ya habrá otro que haga su tarea!, pero..., eso sí..., que no le toquen la nómina...

A los altos cargos de Anthropos les importa un bledo que un individuo se «pierda» durante la jornada laboral, siempre que el resto del colectivo saque el trabajo adelante. Los que se escaquean, que a la vuelta de los años son multitud, intentan huir de la rutina diaria y encuentran un aliciente en robarle tiempo a la Administración Pública, distrayéndose con mil excusas y perdiendo minutos hasta el momento de la estampida, léase, las sagradas quince horas. Cuando ingresaron en la «cosa pública», muchos años antes, se ausentaban por razones de peso, enfermedades graves, exámenes, cursos obligatorios de reciclaje, etc., pero a medida que comprobaron la laxitud de los controles y lo poco que hacía el compañero de al lado sin que tuviera consecuencias, comenzaron a utilizar excusas más banales. Con el devenir del tiempo, consideraron de Derecho emplear parte de la jornada laboral en acercarse al estanco, renovar el seguro del coche o visitar la sucursal bancaria para protestar un recibo con el que no estaban de acuerdo. De ahí a incluir los asuntos domésticos no había más que un paso y continuaron con lo de «compra pan, Esteban, que no he podido salir de casa esta mañana», o «a ver si puedes regresar media hora antes del ministerio y te quedas con la niña, que quiero ir con Susana al gimnasio». Los ejemplos, como la creatividad de los empleados públicos, son infinitos...

Los escaqueos rutinarios rondan la hora de duración y no generan enfados entre compañeros. Son comunes varias veces por semana. Los altos cargos también consumen su cuota, pero a ellos se le computan como reuniones de trabajo, puesto que ningún funcionario en su sano juicio podría concebir que don Secundino González, director general de Sanidad Alimentaria (practicamente un ser divino), haya tenido que acompañar a su mujer al centro de salud de la avenida de la Frontera 145 por un dolor de ovarios que no saben a qué obedece.

Quien más, quien menos, a medida que pasan los años, se convierte en un escaqueado. Eso sí..., hay grados; no todos llevan las cosas a ese límite vergonzoso donde se pierde el respeto al prójimo y el individuo se transforma en un despojo para la sociedad.

Algunos empleados públicos se plantean la vida en la Administración Pública como una fórmula perfecta para cobrar y no trabajar. Buena parte de ese fundamento estriba en la seguridad de tener un puesto vitalicio. Un tipo con tablas sabe que si desaparece de vez en cuando de la oficina o consigue bajas médicas por razones poco claras, nadie lo criticará. Lo que no conviene es abusar. Todo en la vida, en su justa medida. Amén.

Los altos cargos, si peinan canas, rehúyen de los enfrentamientos; la experiencia les ha enseñado que no sacarán nada en claro; dolores de cabeza, a lo sumo, y un enemigo más cuando dejen de ser jefes en la siguiente legislatura y vuelvan a ser funcionarios rasos. Además, ellos también necesitan escaquearse, salir unas horas antes en el puente de mayo o diciembre para no pillar caravana, o arribar un lunes a media mañana con la excusa de que regresan de una reunión de trabajo cuando en realidad han aprovechado el fin de semana, domingo completo, para quedarse en la casa de la sierra. Lo mejor es no tocar las narices a nadie...

—*Laisser faire, laisser passer*...

Y al hilo del tema..., este capítulo está dedicado a Porfirio, un empleado público muy «singular».

Don Porfirio Marugán Magallanes es médico de hospital. Se pierde a menudo y cree que está por encima del bien y del mal. No le preocupa lo que piensen de él. Al menos eso parece, porque acostumbra a volver del no-trabajo como si nada ocurriera. Don Porfirio esta mañana ha desaparecido dos horas para ir al banco y tomarse unas cervezas en la terraza de «El Cisne Blanco», en la Avenida de las Delicias; ha disfrutado viendo pasar un carrusel de muchachas deliciosamente ataviadas con vestidos de primavera.

—¿Es que tiene que pasar todo el día con el bisturí en la mano…?

—¡No! Pero al menos atender a los pacientes en su horario. ¿O los enfermos deben consentir que se ausente mientras guardan turno en la sala de espera?

Cuando regresa, Porfirio siente las miradas asesinas de los compañeros, fusiles a punto de disparar. Escucha cuchicheos a su paso. Sabe que, a excepción del jefe de planta, nadie le pedirá explicaciones. Porfirio disimula y camina ligero por los pasillos hasta llegar a su departamento, desde hace tres meses la planta de ginecología del hospital «María de las Angustias», en el centro de la capital.

Nuestro escaqueado, Porfirio Marugán, *El Púa*, que así le llamaban en su barrio natal de la Bayoneta, ha nacido para irritar a sus compañeros. Eso sí…, de «buen rollo». Porfirio no solo solivianta a la concurrencia, también consigue darle motivos de conversación, por lo menos eso... Algunos días no se habla de otra cosa en los corrillos del desayuno. El caso es que cuando conversan con él lo hacen con amabilidad y respeto:

hay cosas que no se entienden por mucho que se expliquen. Esta dejadez ha generado un efecto dominó en el colectivo de médicos y se está viendo afectada la atención a los pacientes.

El Púa no es tonto; sabe tensar la cuerda sin que se rompa. Capacidad no le falta. En el barrio no daban un chavo por él cuando era un zagal. Estaban convencidos de que se dedicaría a lo mismo que los demás: delincuencia y drogas. Pero aprobó todos los cursos sin repetir y con buenas notas. A los quince años le dijo a su madre que sería médico. Ella lo veía a medio hacer y no le dio ningún crédito. Porfirio, a pesar del caos familiar en que vivió, consiguió orientarse como un héroe de Conrad en su barco. El adolescente pasmado sorprendió a todos completando los estudios de medicina con calificaciones altas. Así las cosas, el hijo de la «Caracoles» y el «Piquito» resultó ser el único de los seis hermanos que cursó estudios universitarios y el primer médico oriundo del barrio de la Bayoneta.

Sagrario Regoldo era vecina de los padres de Porfirio y versada en artículos de psicología transpersonal. Según decía, el muchacho andaba mal de la chaveta porque el padre le había desajustado el cerebro a pescozones, pero no tanto por los que había recibido como porque el muchacho nunca había llegado a comprender a cuento de qué le caían los golpes.

*Le recibió de tal suerte, que con una puñada dio con él a sus pies, y luego se subió sobre él y le brumó las costillas muy a su sabor.**

Sagrario, adicta a los diagnósticos ajenos, afirmaba que algún accidente de locura le había sobrevenido a Porfirio en la infancia, o que los tortazos le habían dejado una cicatriz de difícil tratamiento. Ahí es nada...

El padre de Porfirio tampoco tenía asentada la cabeza sobre los hombros. Se desplazaba los fines de semana a la capital de Anthropos para comprar zumos de cebolla en una tienda mugrienta de la calle Sancocho porque, según decía, eran el mejor elixir para la memoria y la virilidad. Ni la esposa ni sus allegados pudieron corroborar estos extremos. Lo que sí aseguraban todos es que la cabeza le giraba a un millón de revoluciones de la mañana a la noche...

El padre de Porfirio creyó ser un adelantado a su tiempo, una mente privilegiada que tuvo la mala fortuna de nacer en el seno de una familia pobre. Presumía de inteligencia y a la mínima oportunidad largaba discursos de tinte político sobre la defensa nacional o la ignorancia de la izquierda.

Con un padre para encerrar, apestando a cebolla, y una madre quebrada por los golpes de la vida, el niño creció sin rumbo. Llegó a la juventud esquivando la idiotez y en el barrio daban por seguro que sería carne de cañón. Por eso, cuando se presentó con el título bajo el brazo y un contrato que lo habilitaba para trabajar en el Hospital San Eleuterio Pons, el padre entró en una espiral de euforia de la que tardó semanas en salir. Lo pregonó a los cuatro vientos ayudándose de un megáfono a pilas que le había tocado en una tómbola. Gritó la noticia como quien vende sandías y melones hasta convencerse de que no quedaba un solo habitante de la ciudad que no hubiera escuchado la buena nueva. Con sus antecedentes, no faltó quien dudara de la información, pero no tuvieron más remedio que admitirlo cuando vieron al chico envuelto en su bata blanca y camino del hospital. «¡Era verdad..., lo de *El Púa* era verdad...!» — gritaron asombrados.

Porfirio trabajó con ilusión los primeros años. Nadie podía imaginar que pasado un tiempo se transformaría en el mayor escaqueado de los hospitales de Anthropos, un personaje que recorrería las plantas de medicina interna y urgencias y que ningún supervisor querría tener entre sus filas. Si figuraba en un cuadrante, era estar en ascuas, un puesto de trabajo con el que no se podía contar y al que había que sumar las quejas de los compañeros. Cuando alguien se escamotea en un hospital, otro debe cargar con su tarea..., un día tras otro, un paciente tras otro...

Al principio, los superiores intentaban buscar soluciones. Por las buenas primero, con mucha tensión después. Para algunos, la clave era dar un trato diferencial a Porfirio para que comprendiera que en sus manos estaba la vida de los pacientes, ese adolescente de la medicación cada cincuenta minutos, aquel anciano en estado crítico con disnea terminal... Otros pensaban que se obtendrían mejores resultados si se vinculaba al galeno con el enfermo, intentando una relación afectiva entre los dos. Pero Porfirio no respondía a estrategias. Desaparecía sin dar explicaciones. Para él, no importaba la gravedad del enfermo o si era el único médico en planta durante la noche. Porfirio se iba, no lo pensaba, sentía angustia y cogía las de Villadiego. Al volver, argumentaba que primero estaba él, que no iba a volverse loco por un quítame allá esas pajas...

A Porfirio, cuando le piden cuentas, se excusa con cualquier dolencia: migrañas, vértigos, ansiedad, eso depende del día.

Porfirio, *El Púa*, tiene buen carácter. ¡Menos mal! Huye de los enfrentamientos a cara de perro y, menos trabajar, hace lo que esté a su alcance para agradar a sus compañeros. Saluda, bromea, intenta ganarse a todos con comentarios sobre fútbol o política, y comenta los temas profesionales como si le fuera la vida en ello. Tiene gracia, labia no le falta, y también una memoria de elefante. Cuando algo le interesa se muestra diligente y capaz, por mucho que sus colegas digan que le falta un hervor. Es un poco engreído, sí; siente que ha abierto una vereda dentro de un bosque vedado a los de su clase. Su carácter es cariñoso y protector. Lo mismo compra un vestido a su mujer que la abronca por el consumo eléctrico que han generado las bombillas encendidas durante la noche. Porfirio es un tipo extremoso. Su mejor arma, o la peor, según se mire, es que habla por los codos. De lo que sabe y de lo que se inventa. Parlotea compulsivamente, sin escuchar, como un tren inacabable. Repite los razonamientos una y otra vez hasta rendir al adversario. Cuando coge carrete es insufrible, y si no se le consigue detener agota a cualquiera, anulando su capacidad de respuesta. Si alguien replica cae encima de él como una tromba, abrumando con explicaciones, casi todas ellas tendenciosas y manipuladoras. En su compañía, siempre llega el momento de tirar la toalla y responder a todo que sí...

Anda despacio; habla con reposo; pero no de manera que te escuches a ti mismo; que toda afectación es mala. *

Porfirio, *El Púa* no es un escaqueado rencoroso. Su vocación de hombre que desaparece del mapa se fragua sin malicia. No obedece a planes urdidos ni a venganzas. Se levanta por la mañana y avanza con el día. Si se encuentra bien, acude al trabajo, mantiene una actitud cordial y se gana el pan con el sudor de su frente. Pero si sopla un viento de costado o se le cruza un gato negro en el camino, somatizará una enfermedad, la que sea, y no habrá quien lo devuelva a chiqueros. Entonces tendrá dolores en cualquier parte del organismo, la respiración, el páncreas, los dos calcáneos (tres si tuviera). Tanto, que resultará difícil creer que es sugestión. De tal manera perseverará en su dolencia que, si no le prestan atención, llegará al shock (o más allá…).

Los funcionarios novatos suelen enfermar con absentismos de corta duración, catarros de breve ausencia que hacen coincidir en jueves o viernes. Porfirio, que es profesional y veterano, es de otra pasta. Se pierde de repente, sin que nadie sepa por qué. Una mañana luce radiante y al día siguiente envía un parte de baja por migrañas o fibromialgia, enfermedades idóneas para retornar al trabajo sin dar explicaciones.

Llegados a este punto, y para poder explicar lo que viene, se debe confesar que Porfirio es un obsesivo. No en sentido ofensivo, metafórico o coloquial, sino diagnosticado por profesional. Lo malo es que ni el propio psicólogo lo aguanta y no sabe cómo quitárselo de encima. Lleva tratándolo quince años. Lo conoce como si fuera su hijo. Cómo estará Porfirio, ¡madre del amor hermoso!, que el especialista, cansado de vaivenes y mentiras, ha llamado a su esposa para exponerle la situación: «Mire usted, Dolores» —que así se llama la santa mujer—, «su marido es unególatra, un obsesivo y un manipulador, y le recomiendo que se separe de él cuanto antes. A usted le vendrá bien y a él…, todavía más. Será la única forma de que pierda parte de su poder».

La pobre mujer se ha quedado paralizada. El psicólogo le recomienda que lo abandone. No entiende nada. Ella pensaba que lo estabilizaría, dentro de lo posible, claro, porque equilibrar a su Porfirio es cosa que solo Dios tiene a su alcance. Dolores ha abandonado la consulta confusa y sin saber qué hacer, pero algo ha debido calar en su interior porque dos meses después ha presentado una demanda de divorcio en el juzgado de Anthropos. No han roto en esa intentona; Porfirio, *El Mudo*, que también así le llamaban en el barrio, ha conseguido convencer a Dolores entre llantos, abrazos y promesas de cambio y la esposa no ha sido capaz de resistir el asedio. Pasados unos meses Dolores ha podido comprobar que nada había cambiado, aunque no ha vuelto a reunir fuerzas, esta vez con éxito, hasta dos años después, cuando los hermanos de Dolores, sus padres y el psicólogo, la han ayudado a romper definitivamente con el esposo y a emprender una nueva vida.

El caso de Porfirio es de traca y da para escribir un libro, no un sucinto capítulo como este. Enfermedades van, enfermedades vienen, acude al hospital la mitad de los días, aunque cobra el cien por cien del salario. Los jefes tiemblan porque nunca saben si terminará la jornada o a mitad de la consulta dejará al enfermo semidesnudo y saldrá por la puerta como alma que lleva el diablo. Entre el cuento que le echa y los efectos derivados de una infancia tormentosa, el día que Porfirio comunica a su jefe que ha solicitado traslado para otro hospital este respira aliviado y mira al cielo rogando que sea verdad.

Es el quinto hospital por el que ha pasado en doce años y ahora va para el «Pérez de la Concordia», en los arrabales de la capital.

¡Que Dios los coja confesados...!

CAPÍTULO DECIMOCUARTO

QUE HABLA DEL LABERINTO QUE RECORRIÓ CELEDONIO PARA DEMOSTRAR SU VALOR

Me moriré de viejo y no acabaré de comprender al animal bípedo que llaman hombre, cada individuo es una variedad de su especie. *

Celedonio Álvarez, funcionario con espolones de la Administración Pública, recibió, como cada tres meses, la convocatoria para asistir al Comité de Trabajo del Cernícalo Estepario.

La carta lo citaba para el 12 de diciembre y se remitían las actas de la sesión anterior junto al enésimo borrador de la Estrategia de Conservación del Cernícalo Estepario, motivo principal de la reunión que emplazaba a los homólogos del resto de provincias. Así era desde hacía cuatro años y así había sido también en los últimos veinticinco con otras «Estrategias Nacionales», como la Estrategia Nacional de Conservación de las Lagunas Protegidas, la Estrategia Nacional del Abejorro Listado, la Estrategia Nacional del Bosque Mediterráneo y la Estrategia Nacional del Lince Autóctono, todas ellas coordinadas por el Ministerio del Campo y la Naturaleza y refrendadas por las provincias de Anthropos.

—Esto pinta bien; un grupo de expertos reunidos para salvar a los animales de la extinción.

—¡Sí, sí...!

Todas las estrategias aprobadas durante años habían sido papel mojado. Sirvieron para reunirse, reunirse y reunirse. Eran documentos elaborados con buen criterio técnico, pero sin carácter legal para las Administraciones Públicas. Solo recomendaciones. Se trabajaron por funcionarios en reuniones bizantinas y, una vez redactadas, pasaban al escalafón superior, es decir, al comité de jefes de departamento de las distintas provincias, que también se citaba periódicamente en el ministerio. Desde ese comité se elevaban a la comisión de directores generales de las regiones y, finalmente, al consejo de las regiones, igualmente convocados una vez al año.

—¡Vaya lío!... ¿Y esas reuniones, comités y comisiones se cargan a los presupuestos del Estado, incluidas las comidas y los viajes?

—No. Las dietas debe abonarlas la Administración Pública de la región a la que pertenece el empleado público. Las únicas comidas que paga el ministerio son las de los directores generales y presidentes regionales.

—¡Ah!

Desde que se transfirieron las competencias en materia de medio ambiente, el Ministerio del Campo y la Naturaleza se encontraba en una extraña situación. Contaba con el mismo presupuesto y personal, pero carecía de competencias. Tan solo conservaba las de coordinación con otros países. La solución que se había tomado para evitar que los fondos se destinaran a otros departamentos y desapareciera el propio ministerio, había sido cambiar el modo de gastar el dinero.

—¿Cómo...?

Los altos cargos del Ministerio del Campo y la Naturaleza, viendo que iban a quedar como figuras decorativas por las transferencias a las Administraciones Regionales, crearon fundaciones sin ánimo de lucro. Esos mismos altos cargos formaban parte de esas fundaciones, aunque no cobraban mucho por ello (unos miles arriba o abajo, además del sueldo en el ministerio). Lo importante era que la gestión ambiental podría continuar en todo el territorio. La fórmula permitía gastar fondos públicos en medidas de conservación de la naturaleza utilizando las fundaciones. Mediante las denominadas «encomiendas administrativas», se trasladaban grandes partidas de dinero del presupuesto del ministerio a las fundaciones con el visto bueno de los interventores. Todo legal. Las fundaciones eran consideradas medios propios de la Administración Pública y funcionaban como una «contratación doméstica». Una vez recibidas las transferencias en las fundaciones, se publicaban convocatorias públicas de ayudas a las Administraciones Públicas en las regiones que se materializaban en «convenios» o subvenciones. De facto, el ministerio mantenía la hegemonía económica, además de una clara mejora en la capacidad de maniobra.

Se continuaba premiando económicamente a las regiones que se portaban bien (mismo color político) y los altos cargos del ministerio no perdían un ápice de poder. La ley se cumplía porque no se gestionaba en las regiones, pero estas no dejaban de solicitar fondos para sus actividades y la «gran hucha» seguía siendo el ministerio.

En los consejos de administración de las fundaciones se decidían anualmente las líneas de trabajo. El criterio eran las modas, la presión social del momento o el programa electoral del partido gobernante.

«Al toma, todo el mundo asoma…» Las regiones tenían transferidas las competencias medioambientales, pero se arrimaban a la gallina de los huevos de oro. Si para conseguir fondos era necesario pasar por el aro en reuniones bizantinas, convocatorias ridículas, participaciones en comités liderados por el ministerio…, ¡qué le vamos a hacer, todo en la vida tiene un precio…!

«Este año destinaremos el presupuesto al cambio climático, id preparando los proyectos para la convocatoria de ayudas» —informó el ministro a los directores generales de las regiones en la reunión anual—.

«Gracias, señor ministro, muchas gracias, señor ministro…»

—Pero…, ¿no estábamos con Celedonio?
—Sí, sí, disculpa…

Celedonio preparó una presentación en formato digital para la convocatoria del 12 de diciembre. El objetivo era debatir el decimosexto borrador de la Estrategia de Conservación del Cernícalo Estepario, pero aprovechó, como todos sus homólogos, para hablar de otras proezas regionales en materia medioambiental, todas ellas de grandísimo mérito. La reunión preveía cuarenta minutos para que el conjunto de las regiones expusiera la situación en sus territorios, pero se transformó en una conferencia de cada técnico (había que amortizar el viaje) de al menos treinta minutos. Así, a las 13.30 horas, tras cuatro horas de fanfarronería administrativa, se reanudó la discusión donde había quedado tres meses antes, esto es, en el punto 7.1.4 de la Estrategia. Con estos mimbres, poco se iba a poder avanzar, puesto que a las 15 h. se había reservado mesa en el restaurante Tiziano y desde allí cada funcionario debía regresar a su domicilio (no se contemplaba la humillante posibilidad de que los trabajadores, casi todos de tierras lejanas, continuaran en sesión de tarde).

—¡De ninguna manera…¡

En los últimos años, para garantizar la transparencia y la participación de los agentes sociales en los foros de la Administración Pública, se había aceptado en las reuniones a ONG conservacionistas, científicos de prestigio y miembros de la Asociación Nacional de Cazadores, todo ello a instancias del ministerio. Con esta decisión, el Comité de Trabajo había pasado de ser un lugar de encuentro y puesta a punto entre funcionarios a otro donde había que andar con pies de plomo, puesto que al poco de finalizar las sesiones cada colectivo emitía un comunicado a los medios de comunicación sobre lo hablado, y cada uno arrimaba el ascua a su sardina, ocultando errores o magnificando aciertos. Las convocatorias dejaron de ceñirse al ámbito administrativo y se convirtieron en obras de teatro. A partir de entonces, las ONG, los científicos y la Asociación Nacional de Cazadores centraron el tiro en presionar a las Administraciones Públicas para obtener subvenciones. En el caso de los cazadores, consiguieron ayudas para fomento de la caza menor por los supuestos daños que producían los cernícalos esteparios sobre los conejos y las perdices de Anthropos.

A la reunión del 12 de diciembre acudió don Gregorio Ferrero, un prestigioso científico, maestro de la dialéctica, vocal de varias instituciones públicas y privadas, y firmante de al menos cincuenta publicaciones sobre el cernícalo estepario. Don Gregorio siempre causaba admiración con su discurso. Aportó datos de la reproducción de la especie en todas las regiones. Como era habitual, puso a disposición de los presentes su experimentado equipo científico al objeto de elaborar un estudio a escala nacional. El ambicioso proyecto, dijo don Gregorio, podría sufragarse con fondos del ministerio o con aportaciones de las regiones, y articularse desde la universidad a la que representaba, o a través de su fundación privada. Don Gregorio, por agilidad administrativa, prefería gestionarlo con la fundación.

—¡Qué buenas noticias! Hombres dispuestos a entregar su legado a las generaciones venideras.

—Muy vocacionales, sí…

Para quienes llevaban años acudiendo a las citas del ministerio y conocían a don Gregorio, su mera presencia era motivo de sarpullido. Celedonio era uno de ellos. Lo recordaba muchos años antes en su región, metiendo la nariz en todo aquello que oliera a dinero con argumentarios de conservación de la naturaleza. Por entonces, propuso a su director general varios proyectos y criticó a Celedonio sin reservas. Recordaba cómo don Gregorio Ferrero se vendía a las grandes empresas que buscaban una imagen de «verdes» y el científico aceptaba firmar estudios que avalaran la deforestación o la contaminación de una zona, siempre que estuvieran bien pagados. Don Gregorio había sido requerido en los últimos tiempos para los trabajos «sucios» de las multinacionales, porque sus estudios contaban con la garantía de la universidad. Lo cierto es que nunca se sabía quién los validaba realmente, si el departamento de proyectos de la Facultad de Ciencias, con su mordida legal del 10 %, o la fundación privada de don Gregorio.

*Pocas o ninguna vez se cumple con la ambición que no sea con daño de tercero.**

La Administración Pública es un río que fluye sin detenerse. Los funcionarios cambian de puestos de trabajo. Cuando un técnico de provincias acude a una reunión en la capital encuentra caras nuevas, personas que no saben nada de lo que ocurrió en el pasado. Por eso, en las convocatorias del ministerio, se aplica el refrán:

«¿Cuál tocamos, maestro?
...la misma, que hay gente nueva.»

En la reunión del Comité de Trabajo del 12 de diciembre, la ONG Amigos del Cernícalo Estepario estuvo solemne. Virtudes Sampietro, su presidenta, alabó la labor del Ministerio del Campo y la Naturaleza por su sensibilidad (debió influir la subvención recibida desde el ministerio unas semanas antes...), pero criticó a las regiones que no contaban con un plan de recuperación de la especie. Virtudes pertenecía al tipo de persona «joven tan insolente como falta de experiencia» y se dirigió a la concurrencia exigiendo responsabilidades. Celedonio Álvarez, con poco espíritu, respondió que su región contaba con un borrador y que el gabinete jurídico lo estaba adaptando a la normativa ambiental. La explicación sonó a hueco.

Como era de esperar, en la convocatoria se avanzó poco. Lo principal quedó pendiente de reflexiones, allende las regiones, cada uno en su despacho. Se enviarían los comentarios por email.

«¡Por favor, señores, son las quince y diez. Nos esperan en el restaurante!» —anunció la subdirectora de general de Organización, esposa del director general de Parques Protegidos—.

Celedonio había viajado hasta la capital en coche oficial y acompañado de su esposa. Le gustaba conducir sin chófer. Podía haber solicitado un conductor, pero para ello había que cumplimentar formularios farragosos, obtener la firma del superior y esperar una respuesta.

Además, la vuelta a casa hubiera quedado supeditada a la finalización de la reunión, a lo que no estaba dispuesto. La cita se había hecho coincidir en viernes y pensaba completar el viaje con excursión de fin de semana en la capital (paseos-monumentos-restaurantes).

Las dietas se las pagarán desde el jueves, que fue cuando salió del domicilio particular, pero rellenará la ficha como si hubiera regresado después de las veintitrés horas del viernes (para que le abonen las dietas de la cena), aunque en realidad llegarán a su casa el domingo.

—¡Lo que estudia el personal!

CAPÍTULO DECIMOQUINTO

EN EL QUE SE RELATAN LAS CUITAS DE LA BELLA FERNANDA, CIEN VECES VESTIDA DE NOVIA

Fernanda empieza el día a las seis de la mañana, buscando el despertador con la mano ciega. Lo apaga con desgana y prolonga el duermevela. Después sube ciclos poco a poco, como le recomiendan sus libros de autoayuda. La fórmula le funciona bien y se mantiene alegre durante toda la jornada, sin signos de fatiga. Fernanda Calvo Pulido cree que el cerebro debe ponerse en marcha lentamente, como los músculos de un atleta, aunque esos primeros instantes la colocan al borde del sueño y corre el riesgo de quedarse dormida. ¡Ay, no..., por favor, que podría llegar tarde al trabajo!

Una vez despierta, se ducha y maquilla, perfila en los ojos dos rayas de gata y pulveriza sobre el cuello una nube de lavanda. A las siete ya ha terminado. Sale entonces por la puerta para cumplir con lo que se espera de ella, que aún no es mucho; ¡paciencia!, lleva poco tiempo en la Administración Pública y la carrera es larga...

Fernanda Calvo es una mujer capacitada. Lo ha demostrado aprobando una oposición donde ha obtenido la mejor nota. Ha superado a varios recomendados, incluido el sobrino del subdirector general de Comercio, el hijo del senador Sánchez Mellazo y el propio Aniceto

Talavero, eterno interino de la dirección general de Planificación, del que se esperaba la mejor nota por connivencia con Ezequiel Ceballos, el presidente del tribunal. Pero ha habido justicia, sí señor, y Fernanda se ha colocado delante de todos. «Ha puesto usted una pica en Flandes» —le ha dicho un miembro del tribunal—. La chica no sabe que su progenitor ha intervenido en el proceso para allanar el camino. Tanilo Climent, padre de la muchacha, es dueño de la empresa Officpapel & Maps, S.L., que suministra material de oficina al Ministerio de Formación. Después de algunos concursos públicos y adjudicaciones se ha granjeado la amistad de los jefes del departamento de contratación. Tanilo es un tipo simpático que utiliza sus habilidades a beneficio de inventario. Hasta hace poco vivía con apuros, pero desde hace dos años tiene treinta y cinco empleados y factura cuatro millones de «mingotes» por campaña. El empresario tiene un trato exquisito, todo hay que decirlo, y se gana a los funcionarios con adulaciones. Como si de un francotirador se tratara, envía regalos a los domicilios de los más influyentes, incluyendo en la ronda a sus esposas. Algunos fines de semana participa en actos políticos, pero no como militante, que a él las ideologías le importan un rábano; solo para demostrar que es un hombre solícito, siempre dispuesto a hacer un favor a quien lo necesite…

—¡A mí me parece bien! El empresario defiende su negocio. Si ha pasado por malas rachas y ahora está en la cresta de la ola, por algo será. El esfuerzo siempre cosecha premio.

—El fin no justifica los medios. El modo en que construimos nuestro entorno es reflejo de lo que somos. Venderse al mercado puede hacer rico a un hombre, pero si renuncia a sus ideas será un pobre con dinero.

Moralinas arriba, moralinas abajo, lo cierto es que Tanilo Climent ha cumplido como padre y, gracias a ello, Fernanda ha sido la primera de la lista, con una puntuación de 9,75. Tiene plaza en la subdirección general de Becas del Ministerio de Formación. Fernanda es joven y apasionada, ha estudiado con renunciación durante meses, pero desconoce el empujón que la ha conducido al éxito, ese que ha marcado la diferencia entre aprobar o quedarse a las puertas y que otros con mejor examen no han tenido. Cree que todo ha sido por su esfuerzo y mejor que sea así, porque si averiguara la verdad, con el genio que tiene, sería capaz de hacerle una escena al padre y tirar todo por la borda. Por eso don Tanilo ha hecho las cosas a la chita callando; conoce el temperamento de su hija y no ha querido correr riesgos, con lo que cuesta sacar la familia adelante... Fernanda es buena, nadie lo duda, pero Tanilo sabe que tiene la cabeza a pájaros desde que se ayuntó con aquel novio hippie, ¡mal rayo lo parta!, y solo faltaría que por una rabieta echara por tierra las gestiones que ha tenido que hacer para conseguir el apoyo decisivo, el del primer vocal del tribunal, ¡con lo que comía el tipo, y siempre eligiendo los restaurantes más caros de la capital...!

—¿Los padres deben hacer cualquier cosa para conseguir trabajo a sus hijos?

—¡Déjate de paternalismos! ¡Estoy harto de hipócritas con chaqueta y corbata! ¡Vivimos en un país de ratas!

El día que Fernanda supo la nota no cabía dentro del vestido. Llamó a familiares y amigos, salió de compras por los Almacenes Corty y organizó una cena con su amiga Nazaret en el Hotel Palace. Llevaba años esperando una oportunidad así.

Fernanda es una mujer de gustos refinados que hasta ahora no ha podido volar alto por falta de recursos. Ahora, con la perspectiva de una nómina a perpetuidad, se ha soltado la melena y quiere ponerse el mundo por montera. Pero no como algunas de sus amigas, que se han lanzado a firmar hipotecas a treinta años. Fernanda quiere disfrutar de lo conseguido sin arrepentimientos. Siempre ha estado bien aplomada y en eso seguirá igual. Lo que sí hará inmediatamente es llamar a Francis, su último novio; la dejó hace varios meses por una famélica de tres al cuarto. Está deseando darle en las narices con la noticia…

Lo repetimos para mayor abundamiento (lo del «abundamiento» es expresión utilizada en reuniones ministeriales…): Fernanda es una mujer de carácter. Ha ingresado en el ministerio y trabaja en el área de becas. Se siente la mujer más feliz del mundo. En la subdirección general debe aprender muchas cosas. El *software* es complicado, le cuesta entender la dinámica general del departamento y la informática no es su fuerte. Lo superará. Los jefes son encantadores, educados como príncipes. Con algunos se derrite sin remedio… De todos, Fabio es quien la tiene más encandilada. No sabe qué le pasa con él, pero cuando se acerca no da pie con bola. Si le pregunta, tartamudea, le cuesta encontrar una respuesta coherente. Fernanda procura disimular, no vaya a creer que es una pazguata. En el ministerio sí que hay hombres con futuro, no como los brutos de su barrio, que solo piensan en tetas y culos. El primer día le hicieron un recorrido por los despachos para cumplir con las presentaciones, pero entonces solo alcanzó a percibir las dimensiones de las estancias y los pasillos de mármol. Ahora que lleva varios meses empieza a comprender cuántas cosas se deciden en la subdirección general para que los becarios de Anthropos puedan estudiar. Ella, con su aportación, contribuirá al bien común, lo que siempre ha soñado, y participará en la construcción de una sociedad más justa. ¡Cuántas emociones le quedan por vivir y qué agradecida debe estar con la vida! Con su capacidad, piensa ella, en poco tiempo podrá ser la secretaria personal de algún director general, o del propio ministro, quién sabe, que la vida es larga y si se trabaja con tesón los resultados llegan. Fernanda, desde que ingresó en el ministerio, forma parte del cuerpo de funcionarios del Estado. «Ganó la oposición», dicen en su familia. A efectos prácticos, y para entenderse, es auxiliar administrativo en la subdirección general de Becas, cobra mil cincuenta y siete «mingotes» al mes con dos pagas extras, y tiene jefes por todas partes: administrativos, subinspectores, inspectores, técnicos, jefes de negociado, jefes de sección, jefes de área y, de ahí para arriba, todo un escalafón de altos cargos que ni sabe ni se imagina.

—¡O sea…, el último mono!

—No, hombre, no. Todos los granos de arroz componen una paella.

Un auxiliar administrativo puede parecer un puesto irrelevante a primera vista, pero… ¡Cuidado!, es quien mecanografía los informes, traslada los portafirmas, archiva los documentos y envía las cartas a los destinatarios. De los auxiliares depende que todo se elabore correctamente y se cumplan los plazos. Son piezas clave; si hacen mal su trabajo, el departamento andará de cabeza. Pero Fernanda es de las buenas. Enseguida se ha dado cuenta don Fabio Benavides, que es maestro de escuela y en la puerta del despacho tiene colgada una placa que dice: «Don Fabio Benavides, licenciado en Magisterio, jefe de negociado de Ayudas a Minusvalías». Cuando Fernanda vio el cartel se sorprendió; siempre había pensado que los licenciados precisaban tener un grado superior y que magisterio no lo era. «Sí, pero es que don Fabio tiene un máster en recursos humanos» —le ha aclarado Rosaura, la auxiliar más resabida de la oficina—.

—Siendo así…

Fabio trata a Fernanda con amabilidad y la hace sentirse como una reina. Los dos se regalan sonrisas por los pasillos. Fabio le pide todo por favor y es cortés hasta para repetirle (ya van cuatro veces…) que los expedientes sin resolución del director deben colocarse en el archivo de «pendientes» en lugar de en el montón de «registro». La verdad es que Fernanda se aturulla con don Fabio y es incapaz de razonar si lo tiene cerca. Solo acierta a decir «sí, sí, don Fabio, de acuerdo, don Fabio» y se le encasquilla una sonrisa de boba que no ha pasado desapercibida para el resto de compañeros. A don Fabio solo lo tratan de «don» los auxiliares administrativos. Técnicos, subinspectores y algunos administrativos le dicen Fabio a secas. El «licenciado en magisterio» no es un funcionario gordo, calvo y con gafas de los muchos que abundan por los ministerios, ¡nada de eso! Fabio es joven, Fernanda cree que rondará los treinta, y no hablemos de lo guapo, simpático e inteligente. Ha nacido como para ella...

En la subdirección general pasan los años y también las idas y venidas del ministerio a casa. Todo fluye, miles de expedientes de becas se conceden, corrigen o deniegan cada campaña. Fernanda toma café a media mañana en la cafetería Ross Mary de la calle José Abascal con sus compañeras. Del ascenso, de momento no hay noticias. Algunas compañeras han sido nombradas secretarias de altos cargos en las últimas elecciones. Monas sí que eran, pero incompetentes no podían serlo más. Menudo fiasco cuando las conozcan los jefes, —piensa Fernanda—. La funcionaria sigue en la misma mesa, trabajando para tres técnicos, un subinspector y Fabio, que continúa tratándola divino, pero que no se lanza. Fernanda es dengue y suspiradora, resiste, no quiere parecer una buscona. Ya caerá: a los hombres, como a los burros, solo hay que ponerles una zanahoria delante de la nariz para que caminen hacia adelante por la vereda adecuada. Fernanda, que lee mucho, sabe que las virtudes que incitan al amor son la belleza y la buena fama, y ella cree que cuenta con las dos...

En la cena de fin de año hubo una oportunidad. Fabio acudió vestido con una cazadora vaquera y una camisa de lino que le sentaba como un guante. Conversaron animadamente, apartados del grupo y reían a carcajadas, muy desinhibidos. A medida que transcurrían los minutos sus cuerpos se acercaban más y más, rayanos a esa línea roja de la que es difícil regresar. Por un instante Fernanda sintió la mirada de deseo de Fabio y pensó que la besaría. Mantuvo los ojos muy abiertos y entreabrió los labios, pero llegó Salustiana Mediacacha, inoportuna como siempre, y rompió la magia entre los dos. Venía a informarles sobre baile que se celebraría en la discoteca Barracuda, donde estaba reservada toda la entrada para la dirección general de Planificación del ministerio. Salustiana hizo pedazos la atmósfera creada y Fabio no acudió después a la discoteca por razones desconocidas. El lunes por la mañana volvió a ser el amable y distante funcionario que siempre trata a sus auxiliares con educación y no se tira a la piscina ni en pleno verano ¡Otra vez vuelta a empezar!

Durante los primeros años, Fernanda se empleó a fondo con el trabajo. Pasaba al ordenador cientos de documentos y todo lo terminaba a tiempo, como si de ello dependiera la paz mundial. Las mañanas discurrían en un soplo. La mayor parte del tiempo lo empleaba en enviar informes a la impresora y trasladar portafirmas entre técnicos y altos cargos. Todo corría prisas, pero ella siempre cumplía con los plazos. Al final de la jornada se encontraba agotada y feliz. Encima de la mesa nada se demoraba, máxime si se lo pedía Fabio. Hubo días en primavera, coincidentes con la publicación en el Diario Oficial de la Orden de ayudas anual, en las que no salía ni para tomar el café de media mañana. Ahora Fernanda conversa más con los compañeros. Sin faltar a su responsabilidad, por supuesto, pero se toma un respiro para reforzar vínculos; no todo van a ser obligaciones. Gracias a esta decisión ha hecho amistad con algunas compañeras y sale los fines de semana a tomar copas.

Respecto a Fabio, se ha cansado de esperar. Hace poco localizó a un tipo por internet y se ha citado con él. No es que sea un Adonis, pero refuerza su autoestima y lo pasan bien en la cama. Comen, beben, se bañan juntos, alivian las tensiones… Los organismos necesitan alegría para no morir de melancolía. Fernanda cree que el asunto será pasajero. Se siente a gusto con el chico, pero es puro sexo. La web donde lo encontró se la recomendó su compañera Eresvita Pallarón, que lleva años tirando de contactos esporádicos (desde que descubrió a su novio encamado con su mejor amiga). La verdad es que Eresvita es más bien áspera y desabrida, no se la puede comparar con Fernanda, que tiene más clase. Claro que no hay que extrañarse, porque guapa, lo que se dice guapa, no es. En el cafecito de las mañanas Eresvita habla sin pudor con las compañeras y hace alardes de grosería: «no estaré buena, pero me llevo al huerto a quien me da la gana» —dice con todo el descaro del que es capaz—, y añade otros exabruptos que todas aplauden entre carcajadas. Fernanda al principio se escandalizaba con esos comentarios, no sabía dónde meterse, pero después de comprobar que sus hormonas la han conducido por caminos inexplorados, tiene claro que en la vida hay que buscar soluciones en lugar de achicarse. Ha remado por el río de la sensualidad, primero con precaución y luego con entusiasmo. Ya está bien de esperar al pasmarote de Fabio, como si no hubiera en el mundo otros hombres dispuestos a comérsela. ¡Para monjas tenemos bastantes en mi familia! —se dijo el primer día para ahuyentar remordimientos—.

Los ministerios cambian de nombre porque han ganado las elecciones los otros, que son más listos y mejor preparados que los anteriores. Ahora toma el poder el signo político contrario y harán las cosas con más cabeza. Gajes de la democracia. El Ministerio de Recursos Agrarios se llamará del Medio Acuático y Ambiental, para dar una imagen más actual; el de Formación fundirá competencias con el de Turismo y Transportes al objeto de ahorrar (aunque el presupuesto sumatorio sea el mismo), y el de Relaciones con las Regiones se planteará como una Secretaría de Estado ¡Mejor así!, le han dicho los nuevos ministros al presidente del gobierno en el primer consejo de ministros. ¡Hagamos política con sentido común! —ha enfatizado el presidente—, y la sala se ha llenado de ovaciones... Las direcciones generales cambian de nombre y se integran en el ministerio correspondiente con las partidas económicas y personal que tenían. Las subdirecciones generales no variarán, seguirán reubicadas en una dirección general u otra en función del capricho del secretario de estado que corresponda. El departamento de Fernanda se trasladará en las próximas semanas a Gran Vía de San Pancracio porque en la ubicación actual va la dirección general de Finanzas. La decisión ha sido tomada por don Lucio Facúndez Bahamonde, nuevo director general, que tiene más influencia política que el de Fernanda porque vive en la misma urbanización que el secretario de Estado del ministerio y veranean juntos desde hace años.

—¡Pero, bueno…! ¡Cambiar un departamento de sitio, con su personal y archivos, es un trastorno para los trabajadores y un despilfarro en concepto de mudanzas, instalaciones, etc., además del correspondiente parón administrativo durante meses!

—Sí, pero un político debe cumplir con lo que promete en su programa electoral.

—¿Solo porque el nuevo director general vive cerca del ministerio y le conviene esa ubicación para no tener que desplazarse por las mañanas? ¿Es que no hay nadie que ponga cordura?

— ¡Claro!…, el director general, que es quien manda ahora.

—¡Válgame el cielo!

Tras las elecciones generales ruedan cabezas y aparecen caras nuevas. Los electos desbancan primero a los de rango más alto. Pasados unos meses, marginan también a los técnicos que les resultan antipáticos. Así podrán contar con los que han estado arrinconados la legislación anterior. Se cesa a los jefes de departamento, que vuelven a sus puestos base como funcionarios ramplones. Algunos puestos base se elevan hasta jefes de departamento Es la misma música que cuatro años antes. Los ahora defenestrados se convierten en escoria, serán los desahuciados que cobrarán sin trabajar. Los jefes no contarán con ellos y tampoco ellos tendrán interés en colaborar con el nuevo equipo de gobierno por razones evidentes: les acaban de dar una patada en el trasero. Quienes tienen espolones se atrincheran. Se reafirman los clanes, eternamente enfrentados unos contra otros, como las tribus del paleolítico.

En medio de la marabunta, Fernanda sigue trabajando y citándose con hombres por internet a la espera de que un día encuentre a su príncipe azul o que el memo del «licenciado» abra los ojos y vea la joya que tiene delante de sus ojos. El caso es que hace unas semanas apareció en la oficina una remilgada con tacones preguntando por él, le entregó un regalo y le plantó un beso en la boca. Esa mañana Fernanda no se levantó de la mesa ni para tomar café, de la sangre que se le puso. Lo hubiera pateado hasta dejarlo triturado como un piano caído del décimo piso.

*Porque las afrentas que van derechas contra la hermosura y presunción de las mujeres despiertan en ellas en gran manera la ira y encienden el deseo de vengarse.**

A Fernanda le han robado el pan bajo el brazo. De tanto esperar, ha perdido las batallas y también la guerra. En venganza, el viernes ha evitado hablar con el traidor y cuando Fabio le ha preguntado por los documentos pendientes ha respondido con cajas destempladas que no había podido terminarlos. Se iba a enterar de quién era ella, ¡estúpido!, ¡insensible! La funcionaria ha salido de la oficina sin despedirse de nadie, cosa que no había hecho nunca, y a las cinco estaba gozando de los empujones de Abundio, un deportista de veinticinco primaveras que había localizado en la web unas horas antes. No contenta con la hazaña, concretó también para el sábado con Camilo, más esmirriado y silencioso, pero con unas partes pudendas de selecto garañón.

Así las cosas, la vida de Fernanda se resume en viajes *underground* de su casa al trabajo, documentos que van del ordenador a la impresora y portafirmas que prepara a los jefes. El tiempo dedicado últimamente al cotilleo, dicho sea sin mala intención, ha experimentado un considerable aumento ¡Cuidado!, que Fernanda lleva quince años en el ministerio y su vocación presenta, más que fisuras, una mutación irreconocible. Una buena parte de la mañana la destina a conversaciones con sus compañeras, se levanta de la silla para hacer visitas por los departamentos, llama por teléfono a familiares y abre correos electrónicos plenos de paisajes con cascadas, consejos paternalistas y fotografías de chicos musculosos.

En Fernanda nunca se agruparon todas las gracias de hermosura y entendimiento que en las demás mujeres del mundo estaban repartidas, pero cuando ingresó en el ministerio tenía su atractivo. Ahora ha cogido peso, de las caderas le cuelgan mullidas lorzas, apenas sonríe y el deporte que practica es la crítica destructiva. Acude al gimnasio una vez por semana, es fiel a la filmoteca los viernes, come con sus padres los domingos y, de vez en cuando, se cita por internet con un hombre. Sin embargo, no parece feliz. La felicidad es un hueso duro de roer, pero es que a ella se la ve sin chispa, como resentida. Se queja de lo mucho que trabaja, de lo poco que cobra, del frío, del calor, de los jefes, de los subalternos, del lugar de trabajo, de los sindicatos, del pasado, del futuro, ¡buf!, cualquiera aguanta a su lado..., parece una avispa, siempre dispuesta a clavar el aguijón...

Un lunes de finales de noviembre Fernanda se ausenta del trabajo. Ha discutido con sus compañeras la semana anterior por los expedientes de becas. Está harta de que siempre se los adjudiquen a ella y ha protestado ante el jefe del Servicio de Ayudas. Fernanda no se anda por las ramas. El funcionario ha escuchado con amabilidad sus reivindicaciones y, al despedirse, ha prometido encontrar una solución. Una hora más tarde Fernanda recibe la visita de su jefe de departamento y le cae una bronca tremenda por saltarse la jerarquía. Además, se le ordena seguir con los expedientes en litigio. Fernanda los tiene bien puestos y durante el fin de semana ha pensado que no será el hazmerreír del departamento.

El lunes se presenta en el consultorio médico y le habla al facultativo del acoso laboral al que está siendo sometida. Pide una baja por ansiedad para no cometer una locura «Ya veremos cuándo me incorporo», —le ha dicho esa misma mañana a Brígida, su mejor amiga—, «...de mí no se burla nadie». Las semanas siguientes las ha aprovechado para descansar, atiborrarse de chocolate y dormir hasta las once de la mañana. Por las mañanas llama a su madre para contarle lo de todos los días: que si su hermana no va por el buen camino, que si el trabajo es una mierda..., y termina con la artritis, el glaucoma, la espalda o la tensión..., un rosario de enfermedades.

Fernanda, después de algunas semanas, aburrida por la inacción, se apunta a una excursión por la montaña que organiza la asociación de vecinos del barrio. Es un recorrido que conoce bien porque cuando era adolescente la hizo con sus amigos. Con lo que ha engordado no consigue completar la ruta. Se cansa, pide ayuda durante el ascenso, bebe agua y se detiene continuamente. Finalmente tiene que retroceder ladera abajo acompañada por un señor grueso que, como ella, resoplaba como un hipopótamo durante la subida. En el autobús de regreso los más jóvenes se burlan de ella. Fernanda aguanta el chaparrón, no rechista, pero el asunto le toca la fibra sensible y decide ponerse a dieta. Será a partir de mañana, porque con el hambre que tiene y para terminar el día como es debido, se encaja entre pecho y espalda un bocadillo de chorizo frito que no se lo salta un gitano. Al día siguiente propósito de enmienda: pan integral, ensalada de lechuga y mortadela.

A las dos semanas decide solicitar el alta médica, que lleva tres meses en casa y no es cuestión de aislarse del mundo por una pataleta —le ha dicho a su madre en la última llamada de esta mañana—.

CAPÍTULO DECIMOSEXTO

EN EL QUE SE RELATA LA TRISTE HISTORIA DEL
GENDARME DIÓGENES Y
LA RAMERA BERNARDETTE

Al edificio de la gendarmería ha llegado un teniente después de quince años en el «cuerpo». Viene con un historial impecable aunque, a decir verdad, en las fuerzas de seguridad de Anthropos todo son aciertos; los errores y faltas de responsabilidad no se anotan en el expediente (salvo la desobediencia a superiores ¡eso sí que es grave!). Como en otros sectores de la Administración Pública, para trepar por el escalafón es más eficaz guardar fidelidad al jefe y obedecer sin rechistar que tener ideas propias que beneficien a todos.

Las instalaciones están recién estrenadas. Han sido construidas sin reparar en gastos: dos hectáreas de terreno rodeadas de un muro perimetral, zona residencial gratuita para trescientos efectivos (gastos de electricidad, agua y teléfono de cada inquilino con cargo al erario público) y cien aparcamientos para los vehículos privados, además de los garajes oficiales. La residencia de los gendarmes dispone de un salón climatizado con TV de plasma de cien pulgadas y un gimnasio que, además de modernos aparatos de fortalecimiento muscular, alberga dos hermosos estanques de agua caliente con muchos *jets* (a los arquitectos se les pidió que cambiaran la palabra *jacuzzi* por estanque, que es menos ostentosa). El complejo ha sido inaugurado por el alcalde de la localidad y el director general de la gendarmería, que ha llegado dos días antes en helicóptero oficial acompañado de su secretaria. La pareja se ha alojado en el Hotel Meridian, de cinco estrellas, al objeto de que los mandos no tengan que estar pendientes de ellos.

—¡Qué detalle!
—Sí. Es que al director general le gusta despachar en privado con su secretaria. Dicen que en la cama es bullanguera y cumplidora.

El teniente Marugán viene recomendado por don Ulpiano Villalongueras, coronel del segundo batallón de zapadores, hombre muy respetado por los generales de Anthropos. El coronel en las reuniones de la capital habla como los ángeles. ¡Menuda lengua!, pero está un poco mayor y a veces suelta disparates, como eso de que el problema de la inmigración lo arreglaba él con dos patadas, haciendo expulsiones en masa, o que es necesario poner límites a la libertad de prensa, porque los rojos de este país se han adueñado de la patria y no hay nadie con cojones para poner orden. Los del mismo rango, salvo alguna oveja descarriada, comulgan con él a pie juntillas, pero prefieren no alborotar el gallinero. Es natural: los sueldos son dignos, se reciben puntuales, las jubilaciones se conceden a los cincuenta y, en lo esencial, las cosas van rodadas. ¿Hay demasiada libertad y sería conveniente un poco de mano dura?..., ¡pues claro...!, pero no se puede tener todo...

El teniente Marugán pertenece a un linaje de gendarmes que se remonta al tatarabuelo. Ingresó en la academia de oficiales *El Negrón* por la puerta grande, sin examen ni valoración de currículo. En Anthropos las cosas se hacen así y no es cuestión de cambiarlas ahora porque haya llegado la democracia. La vocación y los méritos tienen su importancia, sí, pero lo definitivo es la familia del aspirante. Para que el hijo de un militar de alta graduación ingrese en la escuela de oficiales basta con saber que su padre ha servido al país con valentía (o no). Luego, ya se cumplirán los requisitos que exige el *establishment*, eso es puro trámite.

Marugán ha tenido buen aterrizaje y enseguida se ha visto arropado por los mandos. «Vente con nosotros a Estibal al curso de criminología» —le ha dicho el capitán Cortés al poco de llegar—, «lo organiza el coronel Hernando, que es amigo mío...». «Gracias, mi capitán, se lo confirmo esta tarde. Debería cambiar las guardias y dejar la intendencia al sargento Bernal. En cualquier caso, ya le digo que de esos temas no tengo ni idea...» —le ha dicho con mucho respeto—.

El capitán Cortés es un tipo listo que siempre anda buscando aliados. Hace tiempo que sospecha de un teniente joven y apuesto. Cree que está intimando con la mujer del capitán Olmeda y Cortés anda loco por pillarlos. Si pudiera confirmarlo, obtendría la confianza del coronel. Le interesa poner de su lado al teniente Marugán porque es una pieza clave; los mandos intermedios tienen contacto con la tropa y son los que se enteran de todo...

El nuevo teniente acepta acudir al curso con el capitán. El nuevo teniente se relaciona con los jefes, estudia, no arma líos y acata las normas. Va por buen camino.

—¿Y cómo llegó Marugán a teniente..., es decir, desde que ingresó como soldado en *El Negrón* y arribó con galones en la gendarmería de la capital?

El teniente Marugán se formó en la academia *El Negrón* a las órdenes del capitán Aguadulce, que llevaba veinte años al mando de una escuela de adiestramiento canino donde se enseñaba a los perros a buscar drogas, dinero, personas y explosivos. La escuela contaba con cuatrocientos gendarmes y un presupuesto anual de treinta y dos millones de «mingotes». Era la institución mejor valorada de Anthropos.

A los pocos meses de ingresar en la academia nombraron cabo a Marugan. Recibió formación en adiestramiento canino, leyó libros, revistas y artículos relacionados con su trabajo. Tanto se volcó en su oficio que llegó a pensar que lo dominaba. Limpiaba a diario las perreras y pasaba muchas horas con los cachorros valorando sus aptitudes. Con poco bagaje y una pizca de vanidad pasó por entendido en los congresos a los que asistió.

El capitán Aguadulce, de natural comprensivo, lo propuso para sargento al finalizar la segunda temporada. Durante dos años se mantuvo con esta graduación rodeado de canes, arneses, mosquetones, correas y comederos. Aprendió de la inteligencia animal más de lo que sabía de la propia y al finalizar el último curso consiguió el título que le permitía ejercer como experto.

Terminada esta primera fase tenía que elegir destino. Antakarana, Santiconte y Castellot eran las ciudades disponibles. No conocía ninguna de ellas y optó por Castellot porque se abría al mar. Siempre había soñado con vivir en una ciudad costera.

En Castellot cumplió con la disciplina militar durante cinco años. Asistió a cursos, superó exámenes y acumuló una experiencia que le permitió hacerse con la plaza del sargento Sendín, obligado a jubilarse antes de tiempo por alcohólico y pendenciero. Como sargento, en su nueva plaza, investigaría los delitos con la ayuda de la informática. Tenía dificultades con las nuevas tecnologías, pero siempre había estado dispuesto a estudiar y ahora no iba a ser menos.

El coronel de la gendarmería dispuso a Marugán en pareja con el subteniente Diógenes, un resentido que vestía «de secreta», buen conocedor de los barrios de la ciudad y más perro rastreador que ser humano. Diógenes sospechaba de todo y de todos. Según presumía, todos los días descubría algún delito. Utilizaba como colaboradores a malhechores de historial comprometido con los que hacía la vista gorda a cambio de información. Al tiempo, se cuidaba de estrechar lazos con personal influyente de la Administración Pública para que sus atestados, una vez elaborados, permitiesen imputar, acusar y condenar, tres pasos imprescindibles dentro de la judicatura para conducir a un malhechor a la trena.

El subteniente Diógenes tenía un largo historial y Marugán aprendió sus mañas. Fue Diógenes quien consiguió desenmascarar el clan de los Montenegro tras infiltrarse como camello y convencer al capo Ildefonso Vargas,

El Tapujo, de que venía perseguido por la policía internacional. Fue también el audaz Diógenes quien descubrió que uno de los miembros de la gendarmería de Castellot, Fidel Neila, vendía una parte de la cocaína decomisada a un narcotraficante de Barranqueras. La droga se guardaba en los almacenes de la gendarmería y Fidel consiguió la llave, nunca se supo cómo. El subteniente Diógenes, por entonces sargento, le sorprendió a las tres de la mañana con la mochila repleta de bolsas de polvo blanco, justo en el momento en que cerraba la puerta del almacén. A Fidel le cayeron cuatro años de prisión y Diógenes salió catapultado hacia la plaza de subteniente.

Diógenes era un tipo listo, sin duda, y más falso que Judas. Había cometido errores de bulto en numerosas ocasiones imputando a personas inocentes sin que sus fallos trascendieran a la luz pública o fueran cuestionados en los juzgados. Muchos de sus compañeros recordaban cómo se llevó por delante al funcionario Leandro Pucher por el mero hecho de ser enemigo de Bernardette, jefa de sección del departamento de Agricultura de Castellot. Bernardette Castillo era una mujer de cuidado. Había trepado por el escalafón administrativo utilizando la minifalda y los escotes, lanzando miradas lánguidas a quien convenía y destazando compañeros con retorcidas fórmulas en las que ella siempre rezaba como verdugo invisible. Aunque distaba de parecerse a una Venus de Milo, utilizaba a la perfección sus armas de mujer y en el cuerpo a cuerpo toreaba con maestría. Manejaba el capote hasta conseguir la rendición del morlaco por voluntad propia. Su condición de ingeniera agrícola la elevaba por encima de las demás hembras del departamento. Su estatus la sirvió para acercarse al subteniente Diógenes aprovechando una investigación judicial en la que ambos tuvieron que participar. Se trataba de dirimir si un constructor había pagado comisiones a funcionarios públicos tras adjudicarse el arreglo de una pista forestal. Bernardette era mujer que no daba puntada sin hilo y enseguida vio la oportunidad de tener un aliado. Tiró las redes y consiguió atrapar al pajarillo como lo había hecho tantas otras veces (sin entrar en detalles, se le conocían como trofeos de caza al menos tres profesores de universidad, dos directores generales, dos jefes de departamento, un arquitecto, un abogado del estado, y una cantidad de compañeros sin especificar hasta alcanzar la cifra de treinta y tres). A Diógenes lo mantuvo en vilo durante semanas, una de cal, una de arena, ora te ignoro, ora te añoro. Le hizo creer que moría por sus huesos, pero que se debía refrenar por estar obligada con otra persona que la necesitaba a vida o muerte. Sin embargo, cuando consideró que había llegado el momento, se lo ventiló en sesiones de amor nocturnas y jornadas alternas, anuló su resistencia con artes de gueisa y lo elevó a la categoría de sultán entregándole el cuerpo como solo ella sabía hacerlo. Pasadas unas semanas, congeló los avances del gendarme con argumentos cargados de sufrimiento e impotencia y fijó la relación en un punto que Diógenes no pudo entender, pero que no le quedó más remedio que aceptar.

Desde esa posición de poder, el subteniente fue una marioneta en manos de Bernardette y un fiel cumplidor de la estrategia para quitarse de en medio a Leandro Pucher, compañero de trabajo y candidato preferente a convertirse en jefe del Servicio de Planificación, es decir, el principal competidor de Bernardette para dicha plaza.

El subteniente Diógenes dio por ciertas las insinuaciones que la ingeniera le hizo una noche antes de hacer el amor en el Hotel Languedoc, e insistió en la presión a la que estaba siendo sometida en el departamento por mantenerse íntegra. De la conversación que mantuvieron, Diógenes concluyó que el trabajo de Leandro se desarrollaba en dos vertientes, una estrictamente profesional, desde la que había conseguido impulsar múltiples proyectos y otra delictiva a todas luces, con la que negociaba comisiones con empresarios de la construcción por los caminos que se arreglaban en la región. Bernardette, fiel a su histrionismo y capacidad de maquinar, dio a Diógenes datos falsos mezclados con verdaderos, tiñó de oscuro lo blanco y, con mucho misterio, rogando total anonimato y jurándole amor incondicional, le filtró al subteniente un listado de fincas por las que discurrían los citados caminos con sus correspondientes propietarios y direcciones. Esta información permitió al gendarme pinchar teléfonos durante semanas y validar conversaciones entre Leandro y empresarios. El sabueso escuchó un buen número de ellas, algunas de cierta confianza, otras con la distancia propia entre un administrado y un técnico de alto nivel de la Administración Pública, pero todas ellas sin atisbos de delito. Sin embargo, Diógenes, experto trampero de chivos expiatorios, espoleado por su amante, no dudó en explotar un filón falso al que fue dando forma para, contraviniendo las normas más elementales de la investigación, dar crédito a las palabras y obviar las pruebas…

Diógenes elaboró un informe para la superioridad donde el funcionario era sospechoso de prevaricación. Para el subteniente, Leandro era la pieza central de una trama de corrupción en la que estaba involucrado el departamento de Agricultura y de la que únicamente se libraba Bernardette. También aparecían implicados otros ingenieros y el propio jefe del Servicio de Planificación, pero en el centro de la diana se encontraba Leandro. El teniente de la gendarmería dio curso a la investigación de Diógenes y envió el atestado a los juzgados. Como gendarme experimentado sabía que el proceso sería archivado; ni siquiera el fiscal impulsaría la tesis de la prevaricación. No obstante, cuando el capitán de la compañía conoció el asunto, valoró que el escándalo podría servir para rentabilizar el trabajo de todo su equipo y envió algunas notas a la prensa, anunciándolo como el descubrimiento de una gran trama corrupta en la que estaban implicados varios altos cargos, no solo de Castellot, sino de la capital de Anthropos. Para los medios de comunicación la noticia sería también una perita en dulce y venderían el doble de periódicos durante algunos días, así que..., miel sobre hojuelas.

La noticia llegó a la calle como una tromba de agua, con titulares a escala nacional, comparecencias de políticos, ruedas de prensa aclaratorias y peticiones de dimisión. Se exigieron explicaciones del comandante de la gendarmería, que no tuvo reparos en darlas desde su trono, detallando los hechos y sus posibles consecuencias penales. Durante algunos días Leandro Pucher fue perseguido por paparazis, periodistas y ondas de radio locales, que se apostaban en las inmediaciones de su casa para fotografiar y entrevistar al desdichado funcionario.

—¿Es que los gendarmes de Anthropos juegan con las personas para «lucir palmito» ante la opinión pública y justificar su trabajo?

—Cada uno que saque su conclusión...

—Yo no creo posible que un gendarme pueda pinchar un teléfono sin una orden judicial que lo autorice.

—No es que lo puedan hacer; resulta una práctica habitual, cientos, miles de veces cada día. Otra cosa es que la información obtenida pueda utilizarse ante un juez. Para valorar el comienzo o la continuación de una investigación, los gendarmes pinchan sin permiso los teléfonos fijos y móviles de los ciudadanos, entran en sus cuentas de correo electrónico, en las redes sociales, donde les place...

—¡No me lo creo!

—Para eso está la libertad de pensamiento.

Durante los días de revuelo mediático Leandro continuó acudiendo al trabajo, pero alrededor de su persona se hizo un hueco. Los compañeros se alejaban de él, miraban para otro lado. Otros esquivaban la conversación. De la noche a la mañana había pasado de ser un tipo admirado a encontrarse solo, como si fuera un apestado. Leandro apenas dormía. No acertaba a comprender lo ocurrido. ¿De dónde le venía el golpe? ¿Qué tipo de conspiración habían urdido contra él para que estuviera acusado de prevaricación y el juzgado estuviera valorando imputarlo? Toda su vida laboral había sido una intachable hoja de servicios y los superiores confiaban en él ciegamente. Sus compañeros sabían que unos meses antes habría podido ascender en el escalafón administrativo si hubiera aceptado los planteamientos indecentes de su actual director general, don Higinio Trema, que deseaba linchar políticamente a su antecesor y a puerta cerrada le había propuesto modificar un informe a cambio de su nombramiento como asesor del jefe regional de Agricultura. Leandro se había negado en redondo.

El funcionario no dormía, pero Diógenes y Bernardette lo hacían entrelazados. La ingeniera llevaba varias semanas premiando en la cama al subteniente por los servicios prestados y, de paso, manteniendo el hilo conductor con el proceso. Quería estar al corriente de los detalles y evitar contratiempos. Estaba en juego el sacrificio del toro después de su acoso y derribo. Ya se veía la luz al final del túnel.

Bernardette mostraba interés por Leandro en la oficina, lo consolaba, aseguraba que el proceso se quedaría en nada porque nada había. Bernardette se ofreció para interceder ante el teniente y, Leandro, noqueado por los acontecimientos, agradeció infinito que le echaran una mano.

Con la aceptación, Leandro se había dejado poner la soga alrededor del cuello. Bernardette conversó con el teniente y le transmitió un mensaje que parecía emanar de un alma pura, incapaz de decir otra cosa distinta a la verdad. La funcionaria invirtió un tiempo en describirse a sí misma, lloró para demostrar preocupación por lo que estaba ocurriendo y mintió como solo ella sabía hacerlo para fingir detalles y reuniones inexistentes que introdujeron al gendarme en un vórtice de desconfianza. Habló de visitas de Leandro con empresarios donde se entregaban sobres, inventó historias de informes falsos y certificaciones de obra fraudulentas, y añadió detalles de la vida profesional de Leandro que lo mostraban como un tipo de doble cara.

—¡Víbora!
—No hables de las víboras, que son criaturas de Dios.

Con el proceso, Bernardette y Diógenes consiguieron sus ansiadas plazas: teniente y jefa del Servicio de Planificación, respectivamente. Continuaron viéndose en hoteles románticos durante algunos meses, pero no muchos, porque tras el ascenso de Bernardette la funcionaria hubo de atender los requerimientos amorosos del nuevo director general de la Naturaleza, un semental de treinta y dos años con altos niveles de testosterona.

Leandro Pucher ganó el juicio después de dos años de lucha en los tribunales, noches de insomnio y cumplidos gastos de abogado, pero quedó tan afectado en lo personal que apenas volvió a ser una sombra de lo que era. Publicada la sentencia, sus compañeros de oficina mantuvieron relaciones cordiales con él, pero nadie quiso amistad con un sospechoso de corrupción. Leandro pensó en trasladarse a otra localidad donde nadie lo conociera. Valoró la idea de una baja laboral de larga duración para perderse en islas paradisíacas o en museos del mundo, pero le frenó la certidumbre de que la soledad sería una mala compañera de viaje. Finalmente, pidió traslado a

Getexo, cuatrocientos kilómetros al Norte de la capital, después de averiguar que la instigadora de todo había sido Bernardette. Desde allí planificaría con frialdad en qué momento y lugar hundiría el cuchillo dentro del vientre de la ingeniera.

El retirar no es huir, ni el esperar es cordura, cuando el peligro sobrepuja a la esperanza. *

Con el pasar de los meses, el sargento Marugán, compañero del teniente Diógenes, aplicó la lección a una historia similar. Encontró filón en un senador de Castellot que viajaba dos veces a la capital de Anthropos representando a su provincia. Marugán detectó ingresos en el banco de difícil justificación. Como su maestro, olfateó la carroña y sentenció sin verificar. Consultó las cuentas corrientes, pinchó su teléfono móvil, los emails, cuajó certezas a partir de informaciones banales y elaboró un dosier que elevó al capitán proponiendo imputar al político por delitos de corrupción y cohecho. El capitán apoyó la iniciativa. Todos se lucirían con el caso. Desconocían, pero qué importaba, que el senador había recibido una herencia. El escalafón de la gendarmería se había puesto en marcha y tenía carnaza para unos días. Lanzaron a los medios de comunicación el descubrimiento: gracias a una compleja investigación se había desarticulado una nueva red de comisiones ilegales de múltiples ramificaciones...

—Los gendarmes nos protegen, podemos dormir tranquilos...

Pocas semanas después nombraron teniente al sargento Marugán y ayer llegó a la capital de Anthropos.
Ya le queda menos para ser capitán.

CAPÍTULO DECIMOSÉPTIMO

DONDE SE DESCRIBE LA SIN PAR HISTORIA
DEL LABRIEGO QUE LLEGÓ A MINISTRO Y DE
LAS LUCHAS QUE MANTUVO CONTRA LAS
TENTACIONES

*Que los oficios y grandes cargos no son otra cosa sino
un golfo profundo de confusiones.**

El partido ganó las elecciones por mayoría absoluta. Era
la primera vez que accedía al poder tras la muerte del
dictador y los rencores entre los dos Anthropos se encon-
traban a flor de piel. En el horizonte se vislumbraba un
panorama aperturista. Como cabezas visibles despunta-
ban los que años atrás habían sido universitarios rebeldes
y pretendían ahora devolver el poder al pueblo, sentar
las bases de una nueva sociedad y distribuir la riqueza
entre las capas más desfavorecidas. En los pueblos del sur
se respiraba un gran entusiasmo. Persistía el miedo a un
levantamiento militar que podía ahogar una democracia
en pañales, pero en las zonas rurales emergía un personaje lleno de vitalidad dispuesto a luchar por una sociedad
justa, que se abría paso entre el temor de los mayores y
el rechazo frontal de la Iglesia. Este hombre altruista, a
menudo con escasa formación, ocupó cargos públicos y

aprendió a trompicones. Muchos de ellos aprovecharon el momento y medraron en un caldo de cultivo donde todo estaba por hacer. Algunos llegaron a ser nombrados directores generales o ministros y alcanzaron importantes logros sociales.

Como contrapartida, dieron rienda suelta a una reprimida sed de venganza que se tradujo en leyes, decretos y otras normas legales que pretendían menoscabar el estatus de las grandes fortunas de Anthropos.

—¿Sin formación ni experiencia?, ¿pero…, no eran universitarios rebeldes?

—En los pueblos pequeños…, no seas tan quisquilloso…

El resultado fue una euforia colectiva que se tradujo en cuatro victorias electorales consecutivas. La creación del parlamento facilitó la colocación de senadores sin bagaje político que, todavía hoy, continúan aferrados al sillón, asistiendo a plenos, cobrando dietas y gozando de privilegios que una parte de los ciudadanos desconoce o no comparte.

*Vuestras mercedes se queden con Dios, y digan al duque mi señor que desnudo nací, desnudo me hallo: ni pierdo ni gano; quiero decir que sin blanca entré en este gobierno, y sin ella salgo, bien al revés de como suelen salir gobernadores de otras ínsulas.**

Filoteo Sayula nació en Bermona, aldea de dos mil habitantes en la comarca de Chaves. La pequeña localidad linda por el norte con el municipio de Villaescusa de los Infantes, desde donde sale ordenada a través del Estrecho de Santipotro para abrirse a la llanura entre alisares.

Filoteo era hijo y nieto de arrieros. Como primogénito ayudó a su padre en los trabajos desde que tuvo ocho años. A los diez montaba caballerías, ayudaba al herrado y colocaba los arreos con más acierto y decisión que muchos mozos que le doblaban en edad. Noble de pensamientos y terco como una mula, andaba siempre dispuesto a utilizar la fuerza para solucionar los problemas. Ni siquiera veinte años más tarde, ya con el cargo bien subido a la cabeza, fue capaz de razonar con equilibrio ante cuestiones que, desde su óptica, eran más fáciles de componer de un puñetazo que con discusiones templadas.

El padre de Filoteo transportó esportones de trigo a lomos de caballos durante treinta años. Los conducía enristrados, en caravana, hasta donde hiciera falta, generalmente grandes haciendas de la comarca. Recorrió miles de kilómetros, de día y de noche, por caminos polvorientos, veredas invadidas de matorral y arroyos desbordados, siempre acarreando cosechas ajenas a cambio de un salario mísero. Transmitió a Filoteo los genes de un cuerpo hercúleo y la capacidad para resistir en la adversidad, aunque no fue capaz de templarlo en la resignación para soportar injusticias. Cuando algún terrateniente incumplía parte de lo acordado o pretendía demorar el pago, era el padre quien debía sujetar al muchacho para evitar que se encarara con el patrón y llevara a la familia a la ruina.

Filoteo habría de recordar siempre la primera vez que vio a su progenitor agachar la cabeza ante un hombre elegante y flacucho que articulaba palabras ininteligibles y frente al que no rechistaba. Se preguntaba por qué callaba, cómo era posible que aquellos brazos de gigante, capaces de tumbar a un caballo agarrándolo por el cuello, no derribaban al esmirriado de un golpe y lo remataban sin más dilación. Aquellas humillaciones serían el germen de una rebeldía que años más tarde lo convertirían en un defensor de las clases pobres, aunque siempre guardaría en su memoria las noches llorando de rabia sobre una cama de paja con la imagen del padre hecha pedazos. Aquellos sentimientos encontrados modelaron a Filoteo y le permitieron desembarcar en la política con una madurez impropia para un chico de su edad.

«No se preocupe usted, don Ildefonso, recogeremos de nuevo los sacos y los transportaremos al cortijo de la otra finca, aunque nos lleve otros dos días; da igual si nos lo dijo o no..., seguro que lo entendimos mal. A mandar, que pa´ eso estamos...».

Filoteo no tuvo adolescencia. A los dieciséis, con su padre enfermo por la tisis, comenzó a trabajar las caballerías de igual modo que sus antepasados. El padre murió pasado un año y el destino de la familia quedó en sus manos.

El muchacho no se arredró ante la adversidad; aún más, añadió otros dos animales a la fila, consiguiendo acarrear en cada transporte catorce esportones de cereal sobre siete caballos enjaezados, a la sazón, setecientos kilogramos de carga, proeza jamás vista en toda la comarca. Con el paso de los meses y el buen hacer de Filoteo, se extendió como la pólvora la leyenda de que un niño con cuerpo de gigante transportaba una caravana de alazanes para sacar a su familia adelante. Dios aprieta, pero no ahoga... La acogida fue tan buena que pronto tuvo más encargos que posibilidad de atenderlos. Dos años después, alentado por el éxito de su empresa, adquirió un vehículo viejo y un remolque que le permitió cambiar la estrategia mantenida durante generaciones. Vendió entonces los rocines y se lanzó a la nueva etapa impulsado por un viento de cola que ya habría de mantener el resto de su vida.

El despegue económico de Filoteo discurrió paralelo al de su conciencia como defensor de las clases pobres. A pesar de que fueron los terratenientes quienes hicieron próspero su negocio, fue creciendo en su interior un odio feroz hacia estos, no tanto por su trato actual con ellos como por las humillaciones por las que había visto pasar a su padre durante años.

*Entre los pobres pueden durar las amistades, porque la igualdad de la fortuna sirve de eslabón a los corazones; pero entre los ricos y los pobres no puede haber amistad duradera.**

Finalizaban las últimas semanas de diciembre. Las frágiles fuerzas democráticas preparaban una nueva constitución. Los viejos seguían guardando en sus retinas los horrores de la guerra. Los movimientos de izquierda veían el futuro como una oportunidad para devolver el poder al pueblo. Aristócratas y militares bullían inquietos. El clamor de las clases bajas pidiendo un nuevo Anthropos era un alud de nieve que solo podía detenerse con otro conflicto que nadie deseaba.

Filoteo comenzó a frecuentar la taberna de Apolonio para asistir a reuniones en las que se hablaba de la posible legalización de los partidos. Aprendió a leer y escribir en clases nocturnas y, a medida que fue tomando conciencia de la sociedad en que vivía, pasó de simpatizante de la izquierda a líder indiscutible. Con solo diecinueve años fue elegido candidato a la alcaldía de Bermona. Este hecho tuvo una gran repercusión sobre Filoteo, que enseguida vio reducidos sus ingresos por falta de encargos. No era un hombre que se arrepintiera de sus decisiones, aunque el nombramiento le hizo perder la mayor parte de la clientela. Al tiempo, lo colocó en una lanzadera política. Solucionó algunos entuertos sin tener representación en el ayuntamiento, pero en la mayoría de los casos solo consiguió ahondar más en la brecha entre trabajadores y patronos. Esa lidia desigual le permitió adquirir experiencia y aumentar la valoración de sus vecinos.

Filoteo Sayula resultó elegido alcalde por mayoría absoluta en las elecciones, siete de ocho concejales, y con veintidós años fue laureado en los medios de comunicación como el edil más joven de Anthropos. Carecía de formación y poco entendía de política, pero contaba con el aval de sus vecinos. Estaba dispuesto a luchar por ellos. En la nacional, donde también ganó el mismo partido, los grandes mandatarios recibieron a Filoteo como a un hijo predilecto.

Clarencio Poves, nuevo presidente de Anthropos, convocó a sus alcaldes para una fiesta en la discoteca «Syncro», donde acudieron todos los que eran y lo pasaron en grande con cargo a las arcas públicas. Entre discursos, copas y propuestas, de allí no se movió nadie hasta las siete de la madrugada. Filoteo acudió a la cita en solitario. Pretendía sacar rentabilidad del viaje. Cuando llegó su turno se hizo un discreto silencio. Todos esperaban las palabras titubeantes de un muchacho que, entre risas y trabazones, no alcanzara más que a expresar gratitud y compromiso. Pero Filoteo había preparado bien el discurso. Tenía calculado dónde detenerse y cómo enfatizar. Sabía que en el momento que sujetara el micrófono entre sus manos tendría la oportunidad que había esperado desde niño. Durante años, la memoria había sido enemiga mortal de su descanso. En una ráfaga infinitesimal recordó al padre, cargado como un animal, con la espalda rota y las alpargatas mil veces atadas con cuerdas. Sintió el sarpullido de las vejaciones recibidas, la vista al suelo del progenitor con el sombrero entre las manos, aguantando las palabras altivas de los propietarios. Filoteo quería convencer a su audiencia. Eran los suyos quienes estaban delante de él. Tenía lo que le faltaba a la mayoría de los presentes: un sueño que cumplir y energía para llevarlo a cabo. Las generaciones venideras no tendrían que soportar las injusticias por las que había pasado su familia. Todos confiaban en su presidente y estaban listos para acatar la disciplina del partido, pero no todos eran, como él, animales políticos hasta la médula, dispuestos a romperse el lomo por la igualdad social y la redistribución de la riqueza. Sobre todo..., en aquella sala había pocos hombres que superaran en fuerza y valor a Filoteo.

El discurso del alcalde de Bermona se recordaría durante meses. Inició el monólogo hablando de su padre.

No reprimió las lágrimas. Hizo propuestas claras, con mensajes directos contra la clase alta. Evitó insultos y gestos de desprecio hacia quienes odiaba desde la niñez, pero tampoco esbozó una sola sonrisa al describirlos. Habló pausadamente, con aplomo, atrapando a todos con su mirada de león. Demostró ser un buen conocedor de la psicología humana y lanzó un guante al presidente pidiéndole, a viva voz, que lo incorporara dentro de su equipo de gobierno porque tendría en él un fiel servidor. Contó detalles de su trabajo como arriero, explicó las razones que lo llevaron a presentarse como candidato a la alcaldía de Bermona, se extendió en el resultado electoral que había cosechado y, finalmente, con palabras distendidas, quiso explicar por qué se encontraba allí aquella noche.

Para los presentes, la media hora que ocupó su intervención fue un instante. Al terminar, estremecido, forzó un prolongado silencio y dio las gracias a todos. Se produjo entonces un aplauso que hizo temblar las columnas de la discoteca y dejó paralizado al presidente.

«Es nuestro hombre, Eulogio» —le dijo el mandatario al organizador de la campaña electoral—.

Unas semanas después Clarencio Poves nombró ministro del Campo a Filoteo Sayula, sentando un precedente en el panorama político y abriendo las puertas del parlamento a un crío sin formación.

Filoteo no pudo volcarse en la labor municipal ni demostrar a sus vecinos que la confianza depositada era merecida, pero los años que siguieron a su nombramiento repercutieron sobre la localidad, que se vio recompensada por la presencia de un embajador en el máximo nivel de la política. En Bermona, nombraron alcalde al siguiente de la lista por el partido vencedor y la localidad comenzó a recibir inversiones públicas. Enseguida se construyó un polideportivo, un aula de cultura y una piscina municipal. Algunos amigos y familiares de Filoteo fueron a parar como auxiliares administrativos y conductores a distintos departamentos de los ministerios. Macario García y Felicísimo Morante, concejales de la localidad, gañanes de profesión, sin más méritos que su militancia, fueron nombrados director general de Planificación Urbanística y director general de Ayudas Sectoriales respectivamente.

En la primera legislatura el salto fue espectacular. Se consolidaron los presupuestos, fueron transferidas competencias a las regiones y se aprobaron estatutos. Creadas las delegaciones provinciales, se fortalecieron los núcleos rurales con infraestructuras viarias. Llegaron incentivos a las pequeñas y medianas empresas y ayudas multimillonarias para el sector agrario. Se consolidó el «plan de acción rural», que permitió a los trabajadores agrícolas cobrar un año de subsidio con un mes cotizado, cuestión que supuso inicialmente un balón de oxígeno para frenar la emigración de los jóvenes hacia las ciudades, pero que se transformó, pasado un tiempo, en una de las bolsas de fraude más flagrantes del panorama nacional que ningún político quiso desmontar, so pena de perder las elecciones.

El nivel de ingresos de Filoteo experimentó una notable mejora. De trescientos «mingotes», los meses en los que el transporte de sacos iba bien, a dos mil quinientos todos los del año, lloviera o tronara.

Bien predica quien bien vive, y yo no sé otras tologías. *

Una parte del sueldo de los altos cargos se destinaba al partido; así lo habían pactado los miembros de la ejecutiva en una reunión fraternal, aunque las dietas y gastos de representación no formaban parte del acuerdo. Además, no tenían límite. Como nadie en un ministerio tiene más poder que el propio ministro, esas partidas podían ser tan generosas como determinara su mandatario.

Filoteo hizo mucho y bien, trabajó sin descanso por la nación, se implicó en cientos de reuniones, mítines y conversaciones con empresarios y cooperativas. Apoyó a ganaderos, alcaldes, senadores y asociaciones. Consiguió grandes inversiones gracias a sus relaciones con los gerifaltes de Anthropos.

El partido de Filoteo volvió a ganar las siguientes elecciones, y también las que se celebraron cuatro años más tarde. La ideología de los hombres se inclina sutilmente hacia la derecha a medida que se vuelven viejos. Con tres legislaturas como bagaje y un poder en el partido semejante al del propio presidente, el experimentado ministro centró sus esfuerzos en eliminar adversarios. Se centró más en las intrigas políticas que en las necesidades del pueblo y cerró la puerta del despacho a todo aquel que no fuera un permanente adulador de su persona. Sin que él mismo pudiera darse cuenta, los amigos dejaron de ser de «corazón y hasta la muerte» para convertirse en marionetas que un día apoyaba y al siguiente perseguía con ferocidad. «El hombre, lobo para el hombre...». Engordó hasta los ciento treinta kilos manteniendo su aspecto monumental, pero algo se desmoronaba en su interior. Comenzó a ver enemigos en todas las esquinas y cerró filas en torno a unos pocos. Los destierros y ceses a sus compañeros de partido, la falta de autocrítica, tan habitual en la clase política, llevaron a la completa transformación de un hombre de principios en otro carente de ellos, confirmando la máxima de que los hombres piensan de un modo diferente cuando tienen que cuando no tienen.

Filoteo, con cargo a las arcas públicas, promovió viajes innecesarios a otros países para hermanar ciudades, organizó comidas en restaurantes de lujo y contrató prostitutas para uso y disfrute de los más allegados. Fiel al aparato y sus necesidades, impuso comisiones millonarias a las empresas para financiar el partido a cambio de adjudicaciones públicas. Como hombre del establishment, lideró las luchas intestinas contra la oposición y algunas traiciones a la ideología de las bases que sus acólitos redefinieron como «cintura política». El sistema había convertido a un hombre del pueblo en un animal sin escrúpulos, solo interesado en defender sus decisiones, por desquiciadas o injustas que pareciesen.

Un 30 de octubre del décimo año en el poder, Filoteo Sayula fue introducido en una ambulancia a las puertas del casino de la capital. Llevaba alcohol en la sangre como para derribar a un toro. Lo trasladaron al Hospital de la Virgen del Prado y los servicios de urgencia le encontraron en los bolsillos varias papeletas de cocaína que pensaba consumir en el hotel, donde lo aguardaba Belinda, la chica de compañía a la que se había hecho adicto. Recuperado de la borrachera y tras un análisis rutinario, le diagnosticaron un cáncer de hígado con metástasis peritoneal.

Llamaron sus amigos al médico, tomole el pulso, y no le contentó mucho, y dijo que, por sí o por no, atendiese a la salud de su alma, porque la del cuerpo corría peligro. *

Filoteo pidió traslado a un hospital de su tierra y permaneció ingresado durante dos meses antes de morir. Quiso darse el gusto de elegir el prestigioso Hospital Doctor Aquilino Santos. De gestión privada, por supuesto...

Epílogo

DONDE SE CONFIRMA QUE LOS CAMINOS DEL SEÑOR SON INESCRUTABLES

2089. La casa de EMX-33 destaca sobre el acantilado de Manaus en la isla más grande de Anthropos. Sobre una de las paredes del salón se proyectan imágenes de doce pantallas. Cuatro de ellas muestran las distintas zonas de la vivienda, dos indican parámetros del interior de las habitaciones (estado de puertas y ventanas, eficacia del aislamiento térmico, grado de enrarecimiento del aire), dos más reportan noticias del mundo, o conectan con familiares y amigos, y las cuatro restantes pertenecen al Estado de Anthropos, esto es, son la unión de EMX-33 con su trabajo, que desarrolla para el Ministerio de Financiación.

—O sea…, EMX-33 es una trabajadora free-lance que trabaja para la Administración Pública.
—No lo sé.

Hace cincuenta años desparecieron los funcionarios y los edificios ministeriales. También las Administraciones Públicas regionales. Todo funciona a través de la web y cada trabajador tiene su huella electrónica. El «sistema» no se puede manipular; está controlado por aplicaciones informáticas deslocalizadas. EMX-33 es una trabajadora de la Administración Publica, a secas, que desarrolla su tarea con eficacia, estrictos protocolos y poco margen para la arbitrariedad.

EMX-33 comienza la jornada laboral a las nueve de la mañana, descansa dos horas para comer y se conecta de nuevo al ministerio de cinco a siete. En total, seis horas diarias de lunes a viernes. Cobra en «mingotes» y lo hace por trabajo hecho, esto es, recibe el pago cuando la aplicación verifica que el trabajo se ha realizado. Para trabajar utiliza el teclado inalámbrico, pero a veces maneja las pantallas con la luz láser del microchip que tiene insertado en su dedo índice. Otros compañeros prefieren los sensores de telepatía, pero cuando se agotan las baterías necesitan tritio, un elemento radioactivo que EMX-33 prefiere evitar porque se encuentra en período fértil y ha pensado extraerse óvulos para que sean fecundados in vitro. Cuando llegue el momento, elegirá semen del vasto catálogo disponible. No hay problema.

—¿Me quieres decir dónde estamos?
—Al final..., al final...

En la casa del acantilado la temperatura es estable durante todo el año. EMX-33 practica todos los sábados tab-sea, el deporte de moda. Son mantas de neopreno flotantes que vuelan por encima de las olas como alfombras mágicas. A veces alquila una con IRZ-98 y se aleja de la costa para hacer el amor en medio del océano. Otras vuela en solitario, acercándose al islote de Maulan para ascender por las barrancas y lanzarse al mar en caída vertical ¡Qué sensación la de bajar en picado a toda velocidad!

EMX-33 vive sola, no comparte espacios con nadie. A intervalos recibe amantes fugaces o abre su casa para cenar con amigas, pero siempre son visitas de corta duración. Suele quedar con su vecina AFL-47 los sábados; congenian como si fueran hermanas.

El trabajo en el ministerio resulta muy gratificante. Va bien en el mejor de los mundos posibles. Cuando tiene reunión de trabajo conecta tantas pantallas como miembros participen en la cita. A principios de cada mes el superior jerárquico reparte las tareas. Si es necesaria una revisión de campo, esto es, la comprobación de una obra pública sobre el terreno, se envía un reporte digital a la oficina de zona. Desde allí, los inspectores locales graban en vídeo lo ejecutado por las empresas constructoras y la información se tramita por la red a los técnicos para su evaluación y abono. No hay interpretaciones posibles. Sobre todo, se evita el contacto entre las empresas y la Administración Pública. El único vínculo que existe entre EMX-33 y su departamento es el jefe de área. Este, a su vez, lo mantiene con el supervisor. El cónclave de supervisores organiza el panorama nacional.

La plantilla política se ha reducido tanto en los últimos años que apenas existen injerencias entre aquellos y los técnicos. Tampoco existen escándalos de corrupción. Esto ha redundado en un considerable ahorro para el Estado. En 2065 se promulgó una ley que prohibía a los políticos tener contacto con los medios de comunicación y conectarse a las redes sociales. Fue el principio del fin.

Cuando un administrado necesita una autorización para realizar una obra o actividad, la petición ingresa en la red a través de un formulario. Al documento le acompaña el proyecto. Todo se encuentra normalizado y cumple con criterios previamente establecidos. La identificación del solicitante queda garantizada por su huella de ADN, que entra en el sistema al mismo tiempo que la solicitud.

EMX-33 tiene acceso a las bases de datos de todos los habitantes de Anthropos y comprueba los antecedentes de cada expediente. En caso de dudas, pide una subsanación telemática. Si todo está en orden emite su informe y recibe tres mil «mingotes». Al instante, el programa informático genera un documento que envía al peticionario por la red informática.

Para las subvenciones a fondo perdido, junto con el documento de aprobación, se envía la transferencia al interesado. Si el solicitante debe realizar la inversión antes de cobrarla, se retiene el importe hasta que EMX-33 verifica que se ha ejecutado correctamente.

—¿Y los controles de interventores y contables? ¿Y los gabinetes jurídicos que garantizaban el cumplimiento de las leyes?

—No son necesarios…

Las partidas presupuestarias están claras cada año. Cuando hay dinero, se gasta de inmediato; no es necesario esperar meses para subsanar problemas de campañas anteriores que el funcionario soluciona en función de su interés. En caso de que no haya fondos, las subvenciones no se convocan. Es simple.

—¿Y los concursos públicos para obras, servicios y suministros...?

Los concursos no se tramitan en sobres a plica cerrada o con plazos de espera interminables. En Anthropos los programas informáticos comunican a todas las empresas del sector las ofertas de contratación y éstas participan si lo desean. Los aspirantes envían sus propuestas económicas y técnicas y son valoradas por los ordenadores. Los funcionarios solo intervienen en la fase final, cuando hay que comprobar si la obra se ha ejecutado correctamente. El proceso de adjudicación es rápido y limpio: quien cumple con los requisitos y hace la mejor oferta se convierte en adjudicatario al cerrarse el plazo. En ese mismo instante recibe la comunicación por la web. Las aplicaciones informáticas son complejas, revisan millones de documentos, pero no permiten arbitrariedades.

*Voto a Dios que me espanta esta grandeza y que diera un doblón por describilla: porque ¿a quién no sorprende y maravilla esta máquina insigne, esta riqueza?**

—Esto parece ciencia ficción...

El sistema ha necesitado muchos ajustes para llegar a esto. Existen miles de bases de datos conectadas entre sí que permiten una información fluida en todas direcciones. Los resultados son inapelables.

Los sensores de ADN están distribuidos por toda la ciudad. Miles de satélites captan la señal de los individuos de Anthropos con millones de lecturas diarias y precisión centimétrica. Todos están localizados. Se conoce al detalle la trazabilidad de cada persona y es sencillo averiguar dónde pasó una hora o con quién mantuvo una conversación. En el pasado, esta vigilancia hubiera sido considerada como una violación a la intimidad, pero hoy nadie se siente observado. No hay otro modo de entender la vida.

El dinero en efectivo dejó de utilizarse hace tiempo y desde entonces no existe economía sumergida. Los movimientos de dinero que realizan las personas, instituciones o empresas, pueden ser investigados por todos, es decir, cualquiera puede visualizar las transferencias que hacen los demás. Están en la web y son públicas. La ley de transparencia internacional. Un ciudadano puede comprobar las que se efectúan en cualquier lugar del planeta, independientemente de su importe y concepto. Es posible conocerlas..., otra cosa es manejarlas o desviarlas...

El Estado es, cada día más, un conjunto de aplicaciones informáticas al servicio de la sociedad. Los humanos han perdido protagonismo en todas las decisiones, pero han ganado en seguridad y legalidad. Apenas existen infractores porque la educación es homogénea y comienza en el momento de nacer. El sistema aparta a quien intenta saltarse las normas. Si alguien persiste en transgredir las leyes se le considera defectuoso y es eliminado.

EMX-33 tiene muchos amigos. Algunos son compañeros de trabajo, otros son conocidos de viajes. No hay nada como evadirse, en eso coinciden todos… Cuando EMX-33 siente el impulso de viajar se introduce en la sala de conexión «penta-dimensional» y busca aventuras. Históricas, peligrosas, románticas o de exploración planetaria. Todas llenas personajes y lugares interesantes. EMX-33 es una mujer polifacética que lo mismo retrocede en el tiempo para ayudar a Velázquez a pintar las Meninas que convive con los hombres de Cromañón de hace veinticinco siglos.

*Válgame Dios —dijo Don Quijote—, y qué de necedades vas, Sancho, ensartando.**

En ocasiones se traslada a lugares exóticos con personajes famosos y vive amores de fantasía. Otras prefiere trasladarse al futuro para comprobar cómo será la vida dentro de cien años…, o de mil. Algunas de sus amigas tienen adicción a la sala de conexión «penta-dimensional» y no salen de ella. A EMX-33 le parece peligrosa esta actitud; se puede olvidar que el objeto de la vida es contribuir con la sociedad. EMX-33 tiene claro qué es real y qué no lo es, pero durante el período vacacional se abandona en la sala y solo sale de ella para cubrir sus necesidades básicas. Es verlo para creerlo.

La sensación de una experiencia «penta-dimensional» resulta tan mágica que, una vez finalizada, lo real parece sucedáneo. Quizás por esto EMX-33 ha pasado períodos en los que no quería saber nada de nadie. Las emociones que generan esos viajes son extrañas; se disfrutan como si ocurrieran de verdad, incluso las reacciones que desencadenan en el organismo son similares, con descargas de dopamina, serotonina y adrenalina. Sin embargo, los contactos virtuales no dejan el mismo efecto pacificador sobre el organismo que los de piel con piel. Los orgasmos, es cierto, son más intensos, y las aventuras vividas impensables en el mundo real, pero hay algo que no puede medirse y trasciende a la ciencia. EMX-33 ha comprobado que después de los contactos virtuales con hombres le sobreviene una tristeza que solo es capaz de revertir con abrazos de carne y hueso. Cuando transcurren varias semanas sin tocar a una persona se encuentra fría y ausente, sin alicientes en el día a día.

De los viajes de conexión «penta-dimensional» ha aprendido mucho. Cuando viaja al pasado comprueba que hace años las personas se sentían unidas por el vínculo familiar, rendían culto a los padres biológicos y esta conexión se mantenía hasta la muerte. A EMX-33 le extraña esta atadura. Bien mirado, la pertenencia a clanes no era una elección personal, sino una imposición genética. Según ha podido confirmar, sus antecesores recibían el aprendizaje de los padres biológicos y esto pasaba de generación en generación. Esto hacía que los individuos interpretaran la realidad en función de su experiencia y que se transmitiera a su progenie una educación desigual y arbitraria, con tantas modalidades como personas. O sea, que los humanos de entonces adquirían el conocimiento en función del interés y la capacidad de sus progenitores. A EMX-33 le parece que esa época debió ser un tremendo caos para el bien común.

—Si el único objetivo es proteger el «bien general», que se fabriquen seres idénticos, clones, y se elimine la libertad individual.

—Ni yo lo digo, ni lo pienso… El resultado sería un mundo sin historia ni creatividad, una sola raza, un único modelo de civilización. Soy contrario a esa idea.

En el pasado, la educación de los niños estaba condicionada por factores socioculturales, económicos y regionales. Una parte de la población quedaba en el camino por el hecho de nacer en lugares sin recursos o porque eran educados por padres que repetían pautas anómalas a sus descendientes. En cualquier caso, un enorme esfuerzo para los progenitores y un resultado ineficaz.

En 2089 los humanos se controlan desde el nacimiento para que desarrollen su potencial. La homogeneización es la solución perfecta para el bien común.

—Me niego. La libertad y el respeto a la diversidad está antes que cualquier aspecto social. Es lo que ha permitido a nuestra especie prosperar. Si anulamos el desarrollo personal y la posibilidad de elegir, nos transformaremos en máquinas.

EMX-33 cree que durante años reinó el caos porque cada uno pensaba independientemente. EMX-33 ha crecido rodeada de niños de su edad y prácticamente aislada de personas mayores. En los colegios de infancia son criados fuertes y sanos. Los adultos marcan los tiempos, cambian sus ropas, los alimentan, pero los niños viven durante toda la jornada en salas de conexión «penta-dimensional» y allí aprenden las experiencias necesarias..., ni una más. De las salas se «retira» a los niños que presentan alteraciones psicosomáticas irreversibles o retrasos significativos.

Las doctrinas se administran por edades como si fueran píldoras..., y siempre en grupo. No hay lugar para la individualidad. Los supervisores denominan a esto «inteligencia de la uniformidad»; es algo que permite «fabricar» niños sanos y homogéneos, adaptados a su tiempo. La formación que recibe cada individuo llega en forma de implantes electromagnéticos, ondas de alta radiación que incorporan los conocimientos al instante. Durante los primeros años se administran con poco contenido para acompasarlos con el desarrollo del cerebro, pero al final de la juventud se aplica una dosis masiva y única que sirve para el resto de la vida y en la que se encuentra toda la formación académica que precisa un individuo. La profesión de cada uno es decidida por una aplicación informática en función del perfil intelectual y de las necesidades sociales. Al inocular el último implante, no solo se introduce la formación necesaria, también se incluye la experiencia, hábitos y conductas correctas para vivir en paz y confianza con los demás. De esta manera, a partir de los veinte años, el Estado recupera la inversión realizada y consigue un trabajador cualificado que rinde hasta la jubilación.

—¡No quiero eso para mis hijos! ¡Quiero un mundo mejor, pero no así...

—Entiendo que lo rechaces. Perteneces a otro tiempo. Hoy todo se encuentra organizado para la globalidad, no existen minorías. Este nuevo mundo rechaza el individualismo pero, como contrapartida, no hay guerras, enfermedades, hambre, corrupción política o desigualdades sociales.

—¡¡Qué no y que no!!..., ¡me opongo a que seamos iguales en pensamiento y obra! Renunciar a la individualidad es renunciar a la vida. ¿Para qué vivir, entonces, si no podemos sentirnos únicos o mejores?

Una sociedad homogénea, con forma piramidal, es la clave para que el sistema funcione. La jerarquía impera en todas las especies que viven en comunidad y es la mejor fórmula entre los humanos. Somos un simio que ha especializado las tareas y ha conseguido grandes logros. Cada nivel de la pirámide mantiene estable al piso superior y viceversa. Todos somos necesarios y nadie es imprescindible. La red es tan compleja que poco importa si desaparecen millones de hombres, porque otros los pueden reemplazar en poco tiempo. Ya ha ocurrido miles de veces.

—¡Basta...! ¿Me quieres decir dónde estamos?
—Estamos viajando... Hemos entrado al futuro a través de una sala penta-dimensional. El problema es que no sé cómo regresar...

*«Vale»**